白丁华服

李琦　著

法律出版社　LAW PRESS·CHINA

师者 始也 谓其用在铺垫青年之未来

师者 史也 谓其神乃先贤学统之承载

师者 识也 谓其教虽学有所长不足恃

师者 侍也 谓其业非专心致志不成事

序一

走在文化中国的李琦教授

傅国涌

与李琦兄相识数年,他是厦门大学法学院的教授。大约2010年春天,我们第一次在厦门见面。他接我到海边一个精致的餐厅吃饭,连茶叶、茶杯都是自带的。说起他家乡闽东福鼎的白茶,他充满深情。也是那一次他跟我说起自己的课堂,就是他身为教授,给学生泡茶、斟茶,整个课以学生说给他听为主。这不是他的专业课,而是他为全校学生开的选修课之一,说是选修课却不像一般的选修课。学生选课,他选学生,人数有限。我当时听了就觉得好奇。

不久前我到厦门,他交给我一叠书稿《白丁华服——这一番粉墨人生亦快哉》,嘱我写序。从厦门到三亚,我在机场和飞机上读完书稿,对他在厦门大学开的选修课《阅读·理解·表达》《辩论与演讲》,有了更多的了解,对他的选择也有了更深的理解。

椰子林边，海风吹拂，民国建筑的教室里，马蹄形摆设的课桌，他为学生备下精心选择的绿茶、红茶。整个课堂，学生围绕他预先布置的题目说给他听，也是学生之间的彼此分享。他说得很少，却始终在引导着学生的讨论、分享。像“二十世纪的交通革命”“二十世纪的历法革命”等大题目，在这样的课上都可以有深入而细致的讨论。更重要的是，他的课上有温度和温情，是老师为学生沏茶的课。

他会在《法律谈判》的硕士研究生课堂上举行模拟的毕业典礼、模拟的婚礼，学生各自扮演不同的角色，分别致辞祝福，而他献上喜庆的对联。

他会在上弦月之夜，邀请学生到厦门大学山海之间的上弦场雅集，备下竹叶青，学古人行酒令，对得好的多浮一大白，对得不好的陪浮一大白。那天他出的对子是“上弦月影竹叶青”，学生所对，颇有贴切的。

许多上过他课的厦门大学学子终身受益。在福州的报纸副刊上，有学生在思念昔日的课堂，他们心中的李琦老师。

他是一个有故事的教授，一个进入了许多学生生命记忆当中的教授。比知识更有吸引力的是他所苦苦求索的精神，是他在人格上的坚持。

这样的教授，在今日的大学校园里越来越稀有了。可以说，他浑身上下、从里到外透着一种民国气质，仿佛不属于这个时代似的。这种气质不仅来自他的生活方式，也不仅体现在他对母语、对优美、纯粹、有生命的汉语近乎执拗的追求，更重要的是，他对民国以来的大学学统的自觉承续。他身体力行，在他力所能及的范围内，在他的课堂内外，他的学生可以直接体验到活的学统，他身上流露的正是民国那些教授们的性情、趣味、思考。这一切都要在具体的生活、交往和教学中呈现出来，才是有生命的。他的课之所以受到学生真正的喜欢，不在于他的高深莫测，而在于他把自己对大学的理解、对学统的体悟，在课堂的每一环节、在细微之处流露了出来，学生在这里真实地感受到了什么是大学，什么是厦门大学的精神所在。

他真正爱厦门大学。自 16 岁考入厦门大学，1984 年留校任教，数十年来，他人生中最重要的时光都在这所大学度过。厦门大学的一切，几乎与他的生命已融为一体。他曾专门带我到他平时上课的教室外那条罗马式长廊走过。他告诉我，由花岗岩条石砌出的风雨长廊不仅贯通了群贤楼的五幢楼，而且每条条石前后衔接的地方是波浪形的；这是一条通往知识殿堂的长廊，也是一条展开的时间之轴；一脚踩在上面，也就踩在了厦门大学九十三年的历史上。说起厦门大学，他有说不完的话。他正是从自己的老师身上，从厦门大学的校史中汲取了精神资源。他巴不得也能同样的滋润他的学生。在他看来，或许这就是生生不息的学统。

他学的是法学专业，长期执教宪法、中国法律思想史等专业课，担任过六年《厦门大学法律评论》主编，对现实当然有着恰当的理解。他不是一个虚无缥缈的理想主义者，从来不是生活在梦中，但是他清楚地知道自己该做什么、能做什么、做不了什么、可以放弃什么、不能放弃什么，即使现实的环境有多么纠结，一个人依然可以有所为、有所不为。这本书记录的点点滴滴，就是他对老师这个角色的理解，对接续学统的自觉。在一个举世浮华、追名逐利的时代里，他懂得将自己的生命安顿在哪里，他知道总要有些人避开熙熙攘攘的人流，默默地走自己的路。他的追求是自觉的。事实上，一个民族的精神解放也只有从一个个个体的自我解放开始。改变总是从个体开始。

当然，他并不认为自己做得有多好。酒酣耳热之际，他只是淡然表示，要让后人知道，即使今天大学里也总还有几个喘气的活人。他深知，他所做的，只是在一个很小的范围里，影响的学生也很有限；但他明白，他守护的是一个文化中国，他为未来而活。

当下红尘滚滚，终将随风而去，遍观正史野史，明君暴君昏君庸君、奸臣忠臣贪官清官所代表的那个中国之外，始终有一个文化中国，可以穿透无情的时间之流，甚至可以说，没有这个文化中国，便没有中国。一个大学教授应该怎样面对现实，不同的人会作出不同选择。他的选择是以自己的课堂和生活活出一个文化中国，这种生命姿态是活的，不只是捍卫学统、承续学统，而是成为这个学统当中的一环，上承民国，下启未来的世代，如同那条长长的罗马长廊上波浪式的条石，他也将成为其中的一块。

2014 年 5 月 12 日

序二

为《白丁华服》而惊奇

黄　闽

很荣幸，作为李琦作品的三审编辑，虽未曾谋面，但从时间上看，我上大二时李琦入学，由于我当了四年知青，年长于李琦，我们在校园里虽无交集，或有比肩，故可以以师兄的名义为《白丁华服》的出版写几句与“惊奇”有关的话。

“惊奇”于饱满的厦大元素

1980 年 9 月，16 岁入芙蓉园，自此李琦便与厦门大学有了浓得化不开的渊源，其作品也承载了满满的“厦大元素”。校主嘉庚先生情怀，文庆校长的传奇，萨先生的墓园；五老峰、上弦场、海浪、钟声、凤凰花；建南、芙蓉；厦大校史中的“悲悯与传奇”，这是生命与情感的融入，想必学长、学姐、学弟、学妹都能从李琦作品中的语境中，体悟浓浓的母校情怀。

“惊奇”于为师之道的温情、温度与温暖

在一般人看来，法律职业是一个缺少温度的最为理性和冷静的群体。读罢《白丁华服》，为李琦的敏感、温情惊奇。老师能给学生什么？知识是有限的，方法无限，授之以鱼，不如授之以渔。我们能在李琦作品中看到师生之间教学相长，师生同道，情义相融。李琦笔下有一批学生主人公，清新可爱，才情横溢，银文、力舟、文锦、春莺……同学的故事，老师对学生的三分期盼、三分提示、三分批评。书中讲述了许多师生之间的感人情节，老师关注学籍档案：生源地、姓名、家境，课堂上学生为老师唱起的生日歌，斟茶饮酒……师生之间向往弦歌不辍、群贤毕至，追寻《白丁华服》所暗喻的平民意识、贵族气质。有了这样的老师，学生的学习生涯便有了“温情的课堂和温暖的老师”。

著名语言学家赵元任先生作曲的厦大校歌可谓经典，“致吾知于无央”，“致吾爱于无疆”。“知”与“爱”恰恰是传承了教育事业的精髓。作品中提到的“人文社科实验室”，没有仪表、器皿、试剂的实验室，而温度、温情、温暖、理性，便是社科人文实验室的仪表、器皿、试剂。

“惊奇”于法律人的文采

走出厦大的我，戴着汉语言文学专业的帽子，走进司法部，进入法律出版社，几年的法律专业再学习和漫长的职业生涯使我渐渐与文学绝缘，开始变得无味和无趣。未曾想到法学院出

身的李琦，其语言始终透着精致略带几分浪漫之韵，又有法律人的理性沉稳之美。李琦教学中关注语境、关注语言运用的语义节奏和情义节奏，关注施行课堂典仪，透着一种人文理想，又体现法律内心对秩序的眷顾。这是一个颠倒的身份，李琦首先是一个才子文人，然后才是法律人。

厦门大学是我的母校，是与我生命共存共荣的精神家园。我爱厦大，也爱厦大像李琦一样的师者。

2015 年 5 月 15 日

目录

第四折　我自省思

第五折　书事

第六折　课堂在别处

第七折　钟响了，课未了

折外折　石落碧潭起涟漪

厦门大学开基于群贤楼群。自一九二一年始，博集东西各国之学术及其精神，并阐发我国固有学艺之美质。

第一折

课堂

为教室添上温度与温情

壬辰龙年八月初三，西元 2012 年 9 月 18 日，厦门大学新学期第一周的周二。下午两点半，十二个 2010 级的本科生来到临海的教室，就着马蹄形摆设的课桌而坐，开始他们的课程《阅读·理解·表达》。

这个下午，我照例为这一小群少年书生沏茶。前前后后，我沏了两样茶，绿茶和红茶。这两样茶既无盛名也不昂贵，却有独特处。绿茶约略称其为绿雪芽好了，为明前的芽茶，翠绿中带了白毫。我述其为“绿意含雪，雪映青芽”。这茶出自我的桑梓，闽东福鼎。红茶同样出自福鼎，不过远非绿雪芽般可以说出点意趣来，极其平常。毫无意趣的这一款红茶，是我姑姑家的表弟亲手制作的。开学的第一周，我是特意为这十二个少年备下这两样茶的。

我一通沏茶、释茶。随后，我叙述之前的一趟行程，从镇江“滑过”长江到扬州，从扬州经宣城到湖州，再从湖州转杭州，于开学前两天回到学校。我说京杭大运河，“以手工时代的巨作，承载工业化的重负”;我说扬州城里的中国雕版印刷博物馆,就此思悟印刷术与文化大众化与精英化之间的关联,以及佛教东传所催生的印刷术对中国文化的影响;我说扬州城里的东关街,“这一刹那,天地只此一街”;我说湖州,“石塔的意象”与“笔祖的沧桑”。我这么说来,不独是领我座前诸生随我一趟“眼行”,更是示之以我最新的“心读”。我相示以最新的“心读”,乃是敞开了我的心思,由他们来读一读老师的精神脉动。我期盼,他们能够并且乐意,在这课堂上“读心”,而不只是读书。这是专属于他们的阅读。那两样特意挑选的茶,汇聚我故乡的山水灵气,带着我乡人甚至我家族的情怀与气息,便是为了与这一番“读心”相映衬的。

我铺展开话题。为人师者,不仅领着少年读书,也把自己当作一本书,供书生品读。这教室,便不再只有知识、理性,也不会因为冷静、严谨而走向森然。这教室,是有温度和温情的,是一众师生心神的相遇、情感的触拥。这个时候,我身后的黑板上所写下的,正是:

为教室添上温度与温情。

我特意把这十个字写在黑板上,作新一学期《阅读·理解·表达》的基调,也把这当作我给予座前这一众少年的“底色”中的一色,不可少的一色。这学期里,他们还另有一色。

暑期里,思忖为接下来的学期的《阅读·理解·表达》添点新意。一所大学,少不了开学典礼和毕业典礼。由是以观,开学和毕业之间，一门具体的课程，不也合当有相应的典礼？于是决定每周的《阅读·理解·表达》，以诸生诵读校歌歌词始。这个下午，诸生齐声诵读校歌歌词：

学海何洋洋，
谁与操钥发其藏，
致吾知于无央；
人生何茫茫，
谁与普渡驾慈航，
充吾爱于无疆。

教室里若少了温度与温情，少年的身上如何能有"充吾爱于无疆"的气度？诵读校歌后，同学们一起向老师鞠躬行礼。诵读校歌于先，致意师尊以继。这是一门课程特设的典仪。这典仪，严格说来也并非在这个新学期上首创于《阅读·理解·表达》。2001 年起，我即在每次率领学生团队参与校际的学生交流活动时以一切合适的机会，师生齐唱厦门大学校歌，以此表达一所大学之"在场"；之后，每次厦门大学学生辩论队参与辩论赛，都是"唱着校歌上赛场"，已成惯例；而在二年级的《辩论与演讲》课上，每周以诵唱校歌开始课程，也已是多年的定制了。这一回，略变动了，把诵唱校歌改为诵读歌词。

第二周起，课堂典仪有变。因为同学们呈马蹄形而坐，转身向老师行礼多有不便，遂改为他们面对面互相致意。这也不独为了便利。这门课，每个同学都兼有双重身份，既是自己的老师，又是同学的老师，彼此相互间便互为师者了。诚然为“三人行，必有我师焉”。于是，相互的致意，也依然是“向老师行礼”了。以同学相互行礼而将“互为师者”仪式化，可算是强化了一种特别的存在感，为人师者的存在感。在这样的存在感中，每个少年书生，能不溢出他的温度与温情？

开学第一周的典仪中，除了齐诵校歌、致意师尊，还有自我介绍。每个学生，正式地、郑重地向老师介绍自己。这便是把自己托付给老师，这便是委师长以责任。这样的托付与委任，带着庄严、肃穆；在庄严、肃穆中，每一个做学生的，便不仅仅是学生，更是独立的、自觉的、自治的自我存在。那是真正散发着温度与温情的自我存在，也因温度与温情而具有独特性的自我存在。

在最古老的教室里，互为师者，共担师道。

思考在悬崖边上

课中课后，师生同道

汪澄笔下，一学期的《阅读·理解·表达》课上，“一个于我本如同庄重、威严的画像一般的老师变得柔和、生动、温暖起来”。刘捷是另一说法：“老师不多言语，只是安静地沏茶，安静地”。我倒是真很乐意这样子，也努力这么去做。故而，刘捷以为，“甚至，老师也没做什么，老师只是帮助我们发现并接近自己”。在我的本意，实在不是帮助这些年轻人“发现自己”；毋宁说，我是强迫式地督促他们去“发现世界”。也许在刘捷看来，他们是在“发现世界”中“发现自己”了。果真如此，岂不大妙？刘捷直陈她在课上的感受，又担心自己把老师的作用给贬了，便赶紧淘气地塞几个字进括弧里：“尊师息怒，这是盛赞哦。”我也当这是她夸她老师来着。可这蛇足般的八个字，却是看轻了她老师的智商了嘛。

确实，每周二下午的课堂上，我自己把自己特意“放逐”了，听任刘捷们去实现让刘捷感动的“宪法里的自我决定权”。也许因此之故，我在他们各种风格、不同视角的发言与讨论后所说得很多话，我自己都不再记得了。待到寒假，看每个人写的课程总结，才知道原来课堂上当时我曾说了这一句、那一句、又一句的。每回都要求同学们在《阅读·理解·表达》课程结束后必须写出课程总结，既有借此督促同学们回看、整理课程之意，也是我由以了解课程在同学们的感受中是如何的。这后者，便是以课程总结为师生唱和了。

王瑞写道："我深深地有感于李老师的一段话：经过思考而表达出的东西是有温度的，是可以听出来的，而不是虚的"。幸亏她在课程总结中让我读到了我说过的这段话，否则我自己定难再想起来，除非另有机缘促成我再次这么想。这话，是呼应了开学第一周在黑板上写下的"为教室添上温度与温情"。那时说的温度与温情，是和思考没有关系的。一次下课前我例行点评，有感而发，说出了这么一番话，意在向同学们提示思考的个人性与独特性，强调个人性与独特性的思考才是真切的，真切的思考和表达是带上个人的体温与气息的；在表达自己的思考时也释出体温与气息，语言才不会单薄、空虚。这一番告诫般的言词，也正与《辩论与演讲》课上所着力强调的"节制话语权"以恭敬听众相应和。

若非思考含着温度，而表达思考便是释出思考者的温度，慧东对课程的感受大概就无由形成。慧东说，在这门课程上"碰撞着属于自己的思维火花，年轻人的活力与希望便显现了出来。也许，这才是二十岁年轻人的应有状态"，由此而"感悟着历史沉淀下来的一种悲怆和明了"。我非常欣慰，她以"悲怆和明了"来评断一学期的思考所造成的心境。若非审慎、冷静、肃穆、凝重,不可能"悲怆";若非真诚、恳切、敏细、洞达,不可能"明了"。没有"明了"的悲怆,便是哀伤、仇怨;没有"悲怆"的明了,不过轻率、盲目。在"悲怆和明了"中,"怀古、思今、忧国,一脉相承,全为吾辈重任"。这样的情怀、气宇,这样的少年书生,快哉!音乐家田青,在所著《禅与乐》中讲了一个故事。一个日本音乐家用尺八(洞箫)吹奏曲子,把那"来自辽远的时间深处的苍凉与温暖送入人心"。这个故事,让我很佩服这个演奏尺八的日本音乐家,也佩服田青的体悟与描述。竟然,苍凉与温暖,可以融合于同一声音中。苍凉便不只是苍凉,温暖便有了质地而得以绵延。慧东年轻,却也能因思考而领悟"悲怆和明了"同在。

琳虹"细细回想这个学期所经历过的课程",对思考有了她新的体会。"从近代中国谈到现代中国,从东方论至西方,讨论的对象也在内与外、事物的方方面面不断地转换。一种时间与空间交织的空旷感扑面袭来。知识或以时间为主线,或以空间为辅助,在我面前铺开。而思维则是隐藏其中的起串联作用的那根线。思维原来可以如此,零散的毫无规律的知识在每个人独有的思维作用下构筑成一个个极具特色的建筑物。以前,我的知识更多是片面化或者是线性化,而在此课程中接触了其他同学多样的思维和李师的缜密思维之后,在这条线或这个片面中延伸拓展开来。原来思维可以如此"。我猜想,当琳虹身处"一种时间与空间交织的空旷感扑面袭来"时,她的感受,该是极其丰富的,新奇惊异、猝不及防、手忙脚乱、跌宕起伏、别开生面,等等？无怪乎她连连感叹,“原来思维可以如此”。如果说,慧东的感受是偏于责任与伦理的,琳虹的体验则偏于智性、意趣与审美？

很有思考力度的男生著馨,也是认真严谨的。他定位为“课程感想”的课程总结,是所有同学中写得最长而最细致的。这恰和他当初连夜向我提出修课申请时认真到一丝不苟前后一致。他说,“课堂的每个部分都会让你心中形成一种庄重的沉淀”。我确实是企盼课堂带给每个少年书生一份庄重感。想来是这样一种“庄重的沉淀”,著馨细致地回顾了“每周准备主题演讲的过程”以及相应的感受,“这是很舒服的过程,会有一些压力,但那种压力不会让我过分焦虑,而是恰恰好可以稳健地提升自己”。他让我“看到”了这个好学深思的年轻人课前的情形,并欣慰于他这样的感受。著馨还由这门课程来观照自身,试图尽力去剖析乃至检讨一己不足,即便这不足是由年龄、角色这些带有客观性的因素造成的,并无可归责于他自身处。他这是把“批判性反思”这一课程旨趣,严肃、冷静地着落在自己身上了。他的反思,是带着痛感的。这痛感,不也是“思考的温度”所不可少的吗？

刘捷诗性地触及思考的痛感:“让我们再爱一次,穿越所有痛楚,星河有梦。怒放吧,燃烧吧,生命！这一刻,我着陆……学着走路,稳着行路。”

天知道,佳伟写来和刘捷竟是异曲同工。佳伟记述,“李师曾说,在课堂上的发言和争论会将我们带到思考的悬崖边上,只要稍微再前进一点,就可能坠入无底的思考深渊”。也感谢佳伟,否则这话我自己也已经忘了。我之所以说“思考的悬崖边上”,是因为《阅读·理解·表达》致力于引领同学们在没有问题的地方找出问题,在已有答案的地方颠覆答案。我之所以说“思考的悬崖边上”,也是要由此有所警示,即便坐而论道同样要有如临深渊般的谨慎与勇气。这“思考的悬崖边上”的说法,看来对佳伟触动很大。“悬崖边上”的他写道:“这些话题带着我们和世界对话,严肃地思考,严谨地表达。那些一直不得解的困惑和从来未涉足过的领域,就这样‘气势汹汹’地扑面而来……而我独自在想,若能在这现实的、物质般的环境下,触摸到思想的岩石沙土,难道不是一种大境界,一种精神的纯净与内心的高远吗?张开双臂,痛快坠入又何妨呢”?这才能有“思考、挣扎、了然而后留在心中的那一份平和是真正促使我成长的养分。这一段在思想的经纬度里漂移、采撷的旅程,让我渐渐懂得了所谓阅读、所谓思考,所谓大学,所谓心灵的纯净和高贵是不被外界社会左右的内心力量”。

佳伟另行析解出“悬崖边上”的独特价值,那一番青春年少的气概、豪迈,可冲云霄。我愿我所有学生,昂然卓立于“思考的悬崖边上”:

> “张开双臂,纵情一跃到思考的深渊里,大声呼喊,然后耐心地等待山谷里自己的回声。这大概是我此时此刻的心情吧。”

《中文有戏》，“中文做戏”

葵巳蛇年立夏过后的一天，西元2013年5月17日，晚上七点半到近十点的两个多小时里，我在建南大会堂看演出。很久没有在这里面看演出了。因为是国家重点文物的缘故吧，座椅依然是我三十年前做学生时候的样子，只是新上过漆了；地面的条石和闽南独有的红砖更是老样子的，很容易把我勾回当年。三十多年来，一茬一茬的学子，踏进来，开学仪式迎着他们；迈出去，是结束了毕业典礼而转身成为校友。照着一句老话来说，该是“铁打的礼堂、流水的少年”了。我这为人师者，便也跟着像是“铁打”的了。权当自己是地砖中的一块好了，做一茬一茬的学生的底色的一道。

这晚是专门来看学生们的话剧《青春禁忌游戏》。这几年，每年都有《中文有戏》的演出季，既是中文系的学生的学业展示，也是凤凰花影下毕业季的“毕业大戏”。这一晚的《青春禁忌游戏》，是2013年的《中文有戏》演出季的第一场演出。我特意动念前来，倒不是想进建南大会堂怀旧，也主要不是为了感受毕业季的气氛，而是好奇我的学生怎样在舞台上展示母语。银文，这个在物理与机电学院读书的三年级女孩，对着学长淘气式地称自己是“冷艳而高贵的学妹”，像是把美丽与才情融汇一身的。二年级下学期，她随我修习《辩论与演讲》。我知道她的聪颖、机灵，也知道她出众的口头表达能力。在我获悉她是这部话剧的主角而所饰演的又是一个既爱护学生又坚守职业准则的女教师时，这样一场演出就很吸引我了。

《青春禁忌游戏》是创作于二十五年前的俄罗斯的一部话剧。那个时候，俄罗斯还叫着“苏联”。“苏联”把这剧给禁了，却禁不了它在这个全球化时代的“全球化”。厦门大学学生组成的“小火柴剧社”，将这部已成经典的话剧搬到了万顷碧波之旁。该剧以社会现实为背景，借因各种动机想在考试后作弊而“请求”并胁迫老师提供方便的情节，毫不留情地鞭挞人性的丑恶、淋漓尽致地展示现实的残酷。感谢这些极富才华的“银文们”，我得以多长点见识。我不知道“银文们”台下要付出怎样的辛苦和心力，才能演绎这样的主题。剧情固然是他们熟悉的，可是人性深处的幽微、无奈选择的艰难，大体是他们现在难以精到把握、从容诠释的。这个晚上，在我看来，他们演得好不好并不重要。演了，这就够了。这个全球化时代，类似的剧情，又何尝不是在今日的华夏也上演着？剧中老师痛斥学生的那一句“拿现实的缺陷包装自己的恶行”，恰是我们这个时代的写照。“银文们”，在这个毕业季，用中文演绎了“青春禁忌游戏”的主题。何其必要，何其恰当。但愿这不仅成为年轻人的警示，也成为这个时代的警示。

在银文登场的一个小时前,我刚刚下课。这课是给比银文低一级的二年级本科生上的《辩论与演讲》。这个下午的两节课,学生们讨论的主题是“语境:成分与特性”。这个主题与随后两周的两个主题“语境为什么重要”“对语境的高度敏感与充分回应”一起,组成这门口语课程中的一个单元,专门围绕语境。这课如常进行:以诵唱校歌为课堂典仪;落座后每个学生要在下课前始终保持良好的仪态,不论立言还是坐听;在课前写出书面文稿的基础上,逐一口头陈述自己的看法,并相应发问与回答;这个课堂禁止学生做笔记,任何重要的信息只能耳闻心记,不得形之于笔,为的是修炼听的能力。

上课的教室,我特意选在集美一的一楼。这是厦门大学建校伊始的楼宇,以校主的故乡集美相命名,与主楼群贤楼以及同安楼、映雪楼、囊萤楼合为群贤楼群,同为国家重点文物。我总以为,若没有在最古老的楼里修过课,“厦门大学学生”这头衔就名不副实了。教室外面,是一条罗马式长廊,贯通了群贤楼群自东向西的五幢楼。长廊由花岗岩条石砌成,每条一米多长的石材前后相连接处不是一字形的,而是接近于波浪形的,看着就很美雅。开学初,我就和学生们说,如今的校园里,只有在这一长廊上,才可以一脚踩到这所大学迄今九十三年的历史。不知道他们这么踩进教室的时候,作何感想。这几年来,踩在这一长廊上的,不光是这所大学里的学生,还有很多慕名而来的、好奇而来的游客。这情景,遂带来了一句调侃式的话:厦门的著名景区有鼓浪屿、环岛路和厦门大学,其中厦门大学兼有部分教学、科研功能。所以,这个“景区”里,游客是可以看到真实的、生动的教学的。游客们当然也很真实、很生动，校方无奈只好在群贤楼群的教室外悬上木质提示牌“莫要高声语，恐惊读书人”。这写给游客的提示语，恰和我在教室里最后要学生们去思考、再用一生去践行的准则相吻合，“节制话语权”。我也是冲着群贤长廊游客络绎不绝而将课程安在群贤楼群里的。我想向游客展示这所大学最独特的课堂景象：学生们侃侃而谈、端坐静听，而老师也不过是听者之一。果然，每周五下午的四点四十分到六点二十分，总有一些游客停下脚步，听一听、看一看、拍一拍。有不少游客，甚至干脆坐进教室的空座位上，“深度体验”着这所大学的课堂。有一次，三个游客从进来坐到了下课的时间。我便提议同学们再次诵唱校歌以致意于来访这所大学的客人。我其实完全不是给游客们猎奇提供便利，我是暗中借了他们来作“教具”。他们围观，甚至坐进来听，便让学生们原本只是向老师和同学陈述观点的课堂，在语境上动了起来。我就是要让学生们去适应语境之动，包括由此一“动”所带给他们的心理感受上的变化。“言应语境而活。”

这天下午四点，离上课还有一段时间，我已踏入群贤长廊。我领着客人徐女士来，专门向她介绍群贤楼群与群贤长廊。我们缓步在花岗岩条石上，不时停下来，望向远处似尽非尽的一头。我和她说起我是如何与我的学生们描述这条长廊的。我把这条长廊，比作通向知识殿堂的通道，学生们踏足其上，便是走在汲取知识的通道上。每个学生，行走其上，都该感到欣慰与安然。这条幽深、古雅的长廊，又不止于具象的物理空间，实该抽象为“时间之轴”，由之可以前溯至人类文明悠远的源头。

群贤长廊上的这一段行走,走出了后面的故事。

徐女士原为同行,是个语文老师,有感于语文教学的积弊,遂另辟课堂于学童。她白手起家、筚路蓝缕,创立了名为“亲近母语”的民间教育机构。正是我所认定的“脚踏实地的理想主义者”。我经友人引荐得识她,并曾专门前往拜访。她这一趟过站厦门,特意腾出时间前来厦门大学,既是看看这校园,也是来商议我和我的搭档、哲学教授傅君暑期里参与她的系列课程的事宜。她希望傅君和我就包括“优雅的母语”在内的几个主题与小学老师和小学生的家长们做专门的演讲与对话。我们在之前的餐叙中欣然受领了她所委重任。她还说到暑假里的小学生哲学与辩论夏令营,希望我代为遴选合适的师资。我自然以为责无旁贷。辩论夏令营是我去年专访她时提出的建议,并表示只有她目前具有的工作平台才最适合开办。我的想法是,辩论所包含的对抗性思维与嵌入式表达,最是锻炼思维能力与表达能力,非写作、演讲诸表达方式所能代替,因此在中学乃至小学中适当采用辩论作为教学方式殊为必要。徐女士原本是计划在南京开办小学生哲学与辩论夏令营的。用她后来的话说,群贤长廊上,她已发愿,一定要带孩子们来到这座校园里,学习、感受、体验、领悟。

我临近十二点下课,直奔机场接徐女士;送走她后,转身进了集美一的《辩论与演讲》课教室。早上三、四节的课,是二年级的法律专业硕士学位研究生的必修课《法律谈判》。这课程,名称上直观地显示是修习实务能力的。最初的任课人选,也确实是富有执业经验的律师。原与我无关。主事的同事不肯把我“闲”着，遂请我担任部分课时的教学。我推卸无辞，竟在后来“身陷”其中，接手了这门课程。我的《法律谈判》，一分为三。以当代的法律语言学为知识背景，促使硕士生们借以理解法律与语言之间的关系；通过律师授课，获取法律运作的实务经验与能力；掌握口语交际的策略与方法，包括借课堂练习公众表达。在第三部分，“恭敬母语”与“守护母语的纯粹性与纯正性”依然是我所着力强调的。这天的《法律谈判》课，我讲授的内容是口头语言的节奏。我由一个音乐家的一句话开始，以另一个音乐家所叙述的故事结束，展示“停顿是口头语言的灵魂”这一主题。这是我把我自己的语言实践归纳与提炼出来，提示于我身前诸生。

课前，在面海的工作室里，我很像是争分夺秒般，“抓紧”写作。写的内容是“语言节奏”这一题。我将语言节奏划分为语义节奏与情意节奏两部分，再分析二者与内心节奏的关系，从而将口头语言的节奏与人的内心节奏相勾连。这一时段的写作，恰成了时间上的承上启下。我借写作厘清语言节奏与内心节奏的关系，便利随后课堂上向研二的学生讲解这一问题。而促成我深究语言节奏中的内心节奏的，是头天晚上我在一场讲座上的观感。一位院士，以他渊博的学识和对国际学术前沿之稔熟，滔滔不绝地讲述宇宙的现在与未来。我添了新知的同时，也习惯性地辨析他的口头表达，由之而在语言节奏问题上想了个通透。这竟致我不愿放过课前不多的时间而少见地“赶”文字。

我所写的，是出版社的约稿。这家出版社有意就“法律与语言”组织一套非学术性的书籍,带有教科书性质的。我思考再三,决意试试写出《道亦有道——口语交际的策略与方法》。我有感于坊间充斥着传授速成的口语技巧的书,也有感于坊间多见从外文迻译而来的关于演讲、谈判的书,思量为这个民族与这个时代贡献一小册以规范、纯正的母语写作的、拒斥技巧而重在“以口述心”的口语教科书,融我自己的语言实践、人生体会和“恭敬母语”的情怀于一。两个月前我开始写作《道亦有道》。初成的章节,我给了正在修习《辩论与演讲》的十八个二年级的本科生阅读。既是作为课堂上我说得少的补遗,也是希望他们能够给我些阅读感受与修改建议,令他们由此参与老师的写作。如此,这个学期的《辩论与演讲》课,学生们固然照旧“为自己写教科书”,却是偶遇了“帮助老师写教科书”的机缘。

长年里,我视讲台如戏台。“戏比天大”这样的古老信条,我深以为然而身行之。这一天,从头到尾,我以母语为“文”,复以母语为“道”。形神合一,“中文做戏”。

群贤长廊，以具象空间引学子走向知识的殿堂，又恍如时间之轴供众生前溯至人类心灵世界之幽远处，有尽而无尽。

给自己写教科书，说给老师听

“博雅园”十周年记

我课前和学生们做了个游戏，却不是为了“寓教于乐”或活跃课堂气氛。

这“课前”，并不是我到了教室后、上课钟敲响之前的时间，而是早了一天。2013~2014 学年第一学期的第十三周周二，我给惠玲短信，告知由他们十六个人投票决定周三下午的《辩论与演讲》课，我是否如常到课。按同学们投票的结果，周三下午我便“放假”了。当然，我并没有真的令自己放假。下课前的半个多小时里，我到了紧邻嘉庚校主塑像的草坪上，静立着，一会儿仰望天宇和天宇下群贤楼的飞檐翘角，感受傍晚时分的气息；一会儿看着惠玲们上课的集美一 103 教室，看他们轮番上台发言，看过往的游人不无好奇地打望他们的课堂。我用这样的方式，和同学们一起上课。

隔了一周之后的第十五周，我依然课前和惠玲们做这个“游戏”。不过，安排这个“游戏”的时候，我已经打定主意，不论他们投票的结果如何,我都是要到课的,再不会有形无实地“放假”。由于第十六周的课适逢元旦,法定假日,第十五周的课就成了这学期最后的一堂课了。于是第十五周的课,就比从第二周到第十四周的课多了些仪式性的成分,我因此不能再行“缺课”之举。也因此,这“游戏”,实为一道试题,看他们十六个人的投票结果如何。我希望他们意识到第十五周的课为最后一堂课,固有其仪式上的要求,不能缺了老师。还好,他们不再票决“放逐”老师,算是通过了这一道考试。我后来堂上解释了这形同游戏而实乃试题,不知道是不是有哪个同学暗自庆幸。

这样的“游戏”,原本也不是随便可以出现在课程里的。只是,这门名称上不太确当地叫做《辩论与演讲》的全校性“选修课”,其形式、内容、目标都迥然有别于其他的选修课,及至出格。

这门向全校二年级本科生开设的课程,不独是学生选择修习与否,也是我从有修习意愿的学生中筛选,每年都只有十四至十六个学生获准修课。这是我“选了学生来修的课”。这些学生,要经历对抗式的辩论、主题演讲、临场对答等不同的口头表达形式的考验。不免让人意外的是,修习口语能力的课程,我在甄选学生的时候还必有笔试环节。这几年,默写古文或古诗词是必考的。我是用这一道考题,提示不论入选与否的学生,从古文中学习口头表达,从自身的历史文化传承中汲取语言智慧。另有作文题,或为“以口述心”,或为“我的大一”,或如“高考善恶辨”。我欲借由考选督促同学们思考、辨识、自省。

课程最直接的目标,并不是如许多同学初始以为的,训练厦门大学辩论队。这课和辩论赛基本上没有直接的关系。课程的直接目标,是提高这些已经在口语表达上有一定基础的年轻人的口头语言能力,这样的能力是在真实的语言实践中需要的,而不是在赛场式的虚拟语言场景中才用的。我因此总在开学第一周向同学们申明,课程不是教给他们打赢一场辩论赛的能力,而是引领他们去探索、去修炼终其一生都需要的那些素质,包括人生态度、生命理解。既然这是一门无关一般所理解的掌握知识的课程,那么,我课堂上讲得再多、再好,都不够甚至无用。每周,这门课上,讲的是同学们,是每个同学。在课堂上经历、体验“讲给老师和同学听”这一语言形式,以此提高言说能力;在这样的课堂练习中,细致地体会、感悟口头语言。也因为课程采取的是这样的形式,人数就不得不限定。这门课程,遂无奈地成为封闭性的课程,无法开放给更多的同学修习。我自视为“精英教育”。当然,我的“精英教育”,和别人理解的大不同。这“精英”,不是外显为政治权贵、商界领袖、文化名流,而是气质型的、精神型的。

以如今的大学规模,这样的小班,无如手工作坊。这个“作坊”里,原理性学习盖过了技能性学习,道的体悟代替了器的掌握。一整个学期里,这十几个“学徒”,要面对口头语言的所有问题,课堂上口头表达自己的见解、经历、体会。在每周上课之前,每个“学徒”必须先行写出书面的发言稿,汇总于每周的轮值主席,由轮值主席在课前阅读文稿的基础上安排课堂发言、讨论、交流。这情景,叫作“给自己写教科书”。自然,这一本口语课程的教科书,其章、节是我设定的,所谓“师傅领进门”。我也只定章、节，其下的具体内容，非得他们自行琢磨、探索，所谓“修行在个人”。这一番自行琢磨、探索，是为“自教”，做自己的老师；课堂上说出来，也是“互教”，教自己的同学；我也每每能够从同学们的见解、体会中得到启发，这是他们“教会老师”。圣人言，“三人行，必有我师焉”；我的课堂里，“我出言，为三人师”。岂不快哉！

正是这个“作坊”里采行“自教”与“互教”，课堂便不是“师傅”的，而是“学徒”们自己的。既是“学徒”们自己的课堂，就该是自我管理的。我一直以来都有意识地在每学期的《辩论与演讲》课上，“旷课”一两次。只到了这个学期，我淘气式地和他们“做游戏”。在厦门大学最古老的校舍里，在嘉庚校主的身影下，课堂里没有老师，上课前“放逐”了老师，这又会是怎样的经历与体验？我无从说，且由着他们自己去沉淀。

他们要自己写作的这本口语课程教科书，不仅包含了口头语言的诸方面，心态、仪态、语态、语境等，而且涉及听与说的关系、说服自己与说服他人之区别、为何与如何节制话语权等。贯穿于每一周的，是“人在语言中成其所是”，是“言说演绎人生”。在我用游戏来自我放逐的这个学期，集美一的教室里，我听着我的“学徒”们自如、从容地台上言说，由之所触动，想起来，这门课程的旨趣，毋宁是“以语言为载体的生命体验”。

我希望这门课程能够助力于同学们优雅地运用母语，不论口头还是书面；复由此语言的优雅，达于人生的博雅；在他们博雅的语言与人生中，少不了对公共生活的热切关怀与自觉责任。因此，课堂上，从选择哪些话题，到挑剔同学们口中一词一字，我都融入我的这一番心思，由不得他们轻慢、随性，容不得他们跟着网络语、流行词。我也不光倾力于他们的长成与博雅，同样希望他们从年轻到年长，有能力、更乐意去帮助别人提高言说能力，以此回报这个民族与这个时代。唯其如此，我座前诸生，方不负“精英”之期许。伴着千年古刹南普陀的暮鼓晨钟，他们今日为自己所写的这一册教科书，是用来铺垫未来他们真正做别人的老师时要用到的那一册口语课程教科书。

那一年，给新入学的同学们讲“大学与人生”这个话题。其中我指陈大学采取专业化教学的无奈与弊害后，戏言亦坦言，“如果我是厦门大学校长，定然在学校里另设博雅学院，博雅学院的同学们什么都不学，什么都学”。我知道，终我一生，我断然不会成为任何一所大学的校长。“博雅学院”云云，且当呓语。可之后恍然有悟，只要我有一间教室，上着《辩论与演讲》这样的课，有另一间教室，师生围坐而成《阅读·理解·表达》，我便已在天风海韵中辟出了“博雅园”。无关校长。

所谓学生，必得读书；所读之书，不少教科书。所谓先生，必得教书；好的先生，亦写教科书。这不过是学园里的常态、常景。琢磨出得当的法子来，让学生“给自己写教科书，说给老师听”，是也，非耶？

这十年来的课堂里，我越发少肃立于讲台了，越多地端坐于座位上。我把课堂上的说，改为听；我力促学生“放逐”我这个老师。有时也难免惶惑。这十年，比于之前，所读之书固然增多了，所得见识自是渐深了，人生的积累与体悟更不可同日而语。本该是越有所凭资，“倾囊相授”于一众少年的，却反而少说了。岂非倒行逆施般行径？静思其中原委，竟也释然。年轻时知少识浅，便只会自己台上讲个不停；一旦不讲，必无所措手足之样。终于齿长，乃有胆子让学生来讲，方知道何时又如何让学生讲；才醒悟得过来，为人师者真正助力少年长成的，最是激发少年身上之潜能。

愿我今日诸生，于课堂上“教会自己、教会同学、教会老师”，来日则如鹰翔长空、鱼游四海。

少年激扬文辞，访客为之驻足，木棉跃下枝头。

那一段温馨的回忆，关乎成长

毕业生们常常会在即将离去的时候向母校道别，各有方式。校园里东一座亭子、西一尊雕塑的，便是这一届或那一届的毕业生留下的。芙蓉隧道供涂鸦的墙上，免不了会留下毕业生的“墨宝”，不管他们“创作”的初衷何在，也不妨看作是向母校道别。那一年的美术系学生，带着淘气地在校园的大道上喷写“我不想毕业”，那是他们的道别。鲜红的字很显眼，岂不类似大姑娘上花轿时“哭嫁”？中文系的毕业生，这几年固定有毕业前的戏剧演出，称为“毕业大戏”。当这是无形的亭子或雕塑好了。我猜想，有更多的毕业生，是在心里默默地向母校、向老师道别。也可以猜测，有一些毕业生，顾不上道别，急切地扑向新生活，去追求、去创造、去拥抱。没准，许多年后，他们中的某一个人、某几个人，会回来，把当初少了的道别补上。这一补，可能就补出了校园里的一栋新楼、一项奖学金或奖教金等等。天知道。

若非毕业，道别就不会出现，也不合适出现。这是按常理说的。不过，也有例外的时候。这便是下面的故事。

西元2010年五六月之交，庚寅虎年仲夏，我为2008级来自全校不同院系的十六个本科生开设的选修课《辩论与演讲》进入尾声。最后一周跨海而去，一进入教室，他们就欣然递给我一个简易的文件夹，说是送给我的礼物。他们用各自纯手工的制作，合成一份礼物，在课程结束时向老师道别。有的是手写的信，像晨晨和施楚；有的是一段或一篇感言，像俞宁、英兰；按子昂自己的说法，他“炮制”了“一张学生证，借以表达作为学生的我对作为老师的您的感谢与尊重”。每个人形形色色地各用心思，构成一份别致的礼物，让我这做他们老师的，意外地欣慰、感动。

先摘录孙晨晨的信如下：

亲爱的李老师：

您好！展信快乐。

原本提笔想以“敬爱的”开头，但不知怎么落笔便如您看到的了。不过，真好，这样更贴切。

……

加上电子邮件，这大概是我给您写的第四封信。其间也常想给您写信，因为辩论对我绝非易事。可想想还是作罢，我只想让您看到一个努力的晨晨，一个即使反应不快但努力做到流畅表达的学生。至于失落、紧张，大体不那么重要。

用表达翻译自己的思维并非一日之功，也无法短时间习得。辩论(确切地说是表达)课程让我收获最大的是一种乐于沉浸于书卷香气中的平和心境,是一个时刻留意并学习表达的令人欣慰的习惯。

特意选这款信纸给您,真的感谢您,给我这种勤奋、平和、温暖的心境。

晨晨特意选的信纸,中间是浅浅的鹅黄色,上下两端的黄色加重了些;右下角,三本书摞着,左上方,是书桌和椅子组成的图案。"温暖而平和的阅读",这是晨晨表达的意境。也不知道他们是有意还是无意,晨晨的信是放在最上面的。他们就这样温暖着老师。

王地的文字同样和温暖有关:

云在青天,水在瓶。这句话我一直理解成:什么环境造就什么样的人,就好像装在瓶子里的水到了天上就成了云。月光的河以不可踏回的姿态奔腾流逝,您的课程中我不敢说我收获最多,但它给了我热量和温暖,给了我成长的梦想。

他们这样向我道别两年之后的一天,我静坐候课中,忽然就闪出了"给教室添上温度与温情"的念头。也不知道是否由晨晨和王地的文字所铺垫的。

谭菲亚也是给我写信。不过他的信,更多的是理性、慎思。他那个"收剑"的比喻,很合我意,甚至让我有点自我陶醉:

看着美国总统们在台上谈笑风生、慷慨激昂，再看看我们国家，无论是领导人、批评家还是普通百姓，在语言表达水平上都有相当差距。由此看来，除了复杂的制度因素，我国国民在公众发言和意见表达的能力上的缺失，与从小缺乏必要的相关训练有很大关系。反观欧美发达国家从幼儿教育至大学，都贯穿有公共意见表达的课程，这让学生更能领悟老师开设这门课程的初衷和一直强调学生们要学而惠众的一片苦心了。

学生一度以为，言语之间以驳倒他人为荣，以唇枪舌剑、咄咄逼人为耀，现在看来，拙愚不堪。您让我们意识到，口语表达不是一件伤人武器，而是启人心智、达我心意的工具，我们追求的，不是语言浮华的外衣，而是一种表达的境界。您带我们打开了语言表达运用的大门，让学生们了解到，原来小学、中学时总被当成作文课、阅读课的“口语课”竟也如此斑斓多彩，您采用苏格拉底式的启发式教学，在一个接一个的问题下，启发我们思考。只不过，苏格拉底是要让人们认识到自己的无知，而您则是将语境、话语权、听与说、思维与表达、术与道等等要点一一呈现在学生们面前。尤其是最后一课，“节制话语权”，颇有传奇色彩。就好似一位宗师在传授了诸多优雅、绚丽、威力强大的剑术给他的弟子后，在最后一课上，却将弟子急不可耐的剑轻拢入鞘，告诫他，武术之道，不在用，

> 而在制。如此安排,十六节课一气呵成,就像一本书,合上之后,仍沉浸其中,余音绕梁,不可自拔。正如您推荐我们看的《正义的两面》,行文流畅,逻辑严谨,如此课程,恐难再遇。
>
> 您和傅老师悉心教导,手把手,逐一指点,因材施教。在高等教育日益平民化、日益流水线化的今天,这尤为可贵。您能想象吗?当学生听到您叫出学生名字时,学生心里洋溢出一股怎样的暖流?在生不识师、师不识生的大课堂里,这是久违的存在感。只有在您的课和外教的口语课上,才有存在感。

后来,名字颇有几分硬朗的男生吴楚默,在他的学长学姐的毕业晚餐上,不经意触到了情感中的一个敏感点,对着我,泣言,在大学的所有课程上,只有我叫出他的名字。为人师者,如何能让学生们在每一间教室里、每一堂课上,都有关于自己生命的"存在的感受"呢?也难怪楚默写下了:

> 在这个学期里,您用一种我从未体验过的教学模式,教会了我倾听、表达与思考。这是一门没有课本的课程,却承载了书本与文字无法承受的重量,我清楚记得自己收获的点点滴滴。

徐齐写得简单,分量却不轻。她意识到了,这样的课程是和成长有关的:

在每一次倾听中，学会了尊重；在每一次发言中，寻找到认同。当它们连缀在一起，那一段温馨的回忆，关乎成长。

看来是和徐齐心意相通的，彦竹用一段并不包含“成长”这词的文字，把她的课程和她的成长写了出来：

大一结束时，得知能够有幸成为辩班的一员，那是十八年中最开心和激动的一刻。进入大二，李老师给我们技巧上的培训固然让我受益匪浅，但我最珍惜和感谢的，却是我看到老师的言传身教在我身上引起的变化。

现在的我，走进候车室，会勇敢而礼貌地对吸烟的大叔提出“公共场合请不要吸烟”的请求；现在的我，每当站在全国的赛场上，说出“我来自厦门大学”时，心里不再是紧张，而是自豪；现在的我，当上周参加社联代表大会，全体唱国歌时，会大声唱出每一句歌词，而为周围同胞们微弱的声音感到遗憾。

蔡晨曦是这个班的所有女生中最具有“才女”气质的女孩儿。她除了用文字向老师致谢和祝福，还手绘了一张图，画上是个有几分像她的姑娘。

很秀气的男生谢懿，给老师的文字也很简单：

一日为师，终生为父；谆谆教诲，永记在心。

毕业后，谢懿也常常惦记着老师，适时问候、致意。他是和晨曦双双去美国继续读书的。行前我和他们两人开玩笑说，不许他们只一个人回来，必须一起回来。

博文表达了他对母语的独特理解：

汉语如龙。说汉语就是在舞龙。您教给了我们舞龙之术。

这比喻和评价是否切当另说。我非常喜欢学生们对自己的母语能有自己的理解，无论怎样的理解都一定包含着一个人对母语的热爱、恭敬。

这门课程，本也是在“言说演绎人生”的意趣中展开的，本也是力图成为他们人生中有质地的、纯净的一抹底色的。

补课记

癸巳蛇年，西元2013年八月十五日下午，我从衡山顶祝融峰下到山脚。这比原先预估的时间早了不少，遂旋即转向长沙，夜班飞机提前赶回厦门，以稳稳妥妥地于十七日给学生们补课。

这一趟专程赴衡山，为的是在通常认定的八月十五日这一抗日战争胜利日于衡山忠烈祠独祭我慷慨捐躯之先烈，也缅怀忠勇卫国的将士。上衡山前，特意在衡阳城里盘桓两日。当年的衡阳保卫战，惨烈而赢回国之荣耀。衡阳城为此牺牲巨大，以至于尽毁全城。我傍晚时分立于水边，看蒸水缓缓汇入湘江。眼前，催生了琴曲《潇湘水云》的意象荡然无存，仿佛早随湘江远逝；脚下原有的石鼓书院也毁于东瀛炮火，那是可溯源于唐朝而列为中国古代四大书院的。奈何，奈何。国民政府在抗战胜利后定衡阳为抗战纪念城，举国只此一处。衡阳古城西门外当年激战的山头上立起抗战纪念碑，建有抗日战争与衡阳战役纪念馆。说来惭愧，我是这一趟才知道，国人若以八月十五日为抗战胜利日,并不妥当。八月十五日只是日皇宣布停战罢了,日酋签署投降书并由国民政府受降却是九月九日九时。如今官修教科书和主流言论,都只拿八月十五日定抗战胜利,那不过是扣动扳机的手停了下来,凶械未缴;号令进攻的嘴闭了起来,敌颅未屈。

十五日上午九时,我步入忠烈祠。原本担心这一天会有官方的祭祀活动,致我这一介布衣不得祭。忠烈祠里却是清冷得很,只有三个少年嬉闹般玩着。我缓步上行,进入祭殿,上香三柱,三鞠躬。第一柱香,敬献于所有抗日阵亡将士。生为人杰,死亦鬼雄。第二柱香,敬献于抗日中幸存的所有将士。天降大任,艰苦卓绝。第三柱香,敬献于薛岳将军。天纵英才,佑我中华。洒一壶烈酒,以助先烈雄风。酒香浓郁中,诵读我行前写就的祭文:

国有殇,祭于野

天下之势,盛则衰继;西洋技奇,东瀛承袭。
甲午在先,卢沟色变;号为共荣,祸生怀璧。
华夏血气,举国抗击;力难胜之,义无所辞。
川军出蜀,书生从戎;太行巍峨,勇士长歌。
湘楚可争,中华不亡;中南腹地,相持竭力。
保我国脉,悍不畏死;寸固所短,骨山拒敌。
河山半壁,惨遭铁骑;生民涂炭,十载有四。
得道多助,古国天佑;强虏无计,弃枪执笔。

衡岳有幸，安葬忠骨；其为南山，寿永之譬。
立祠以祀，告慰忠魂；与岳无穷，雄风正气。
世事无常，国共有替；抗日神位，党争殃及。
墓毁碑断，荒草丛生；神位孤寂，四季失祭。
谁言衡山，已无人迹；香火鸟瘴，竞求钱币。
摩肩接踵，绕祠而去；忠烈在侧，视如敝屣。
卫国壮志，捐躯无憾；山河却碎，英灵悲叹。
一介布衣，只身来祭；三柱香起，万千心思。

一通典仪完毕，我还不肯径行离去，于抗日将士总神位前静默良久。侧门突然进来两个四十岁上下的男子，摆了祭品，燃起鞭炮。问了问，是边上经营农家乐的村民，说是“邻居嘛，来上香”。再问他们，有政府组织的祭祀吗，回说政府才不会管这么宽。不知道，如果我静候一天，是否还能见到另外的民间祭祀。

原先的计划，是要自行驾车由东向西，穿越罗霄山脉，再就近多逛逛。因为要给一众学生补课，这计划只能作罢。

七月里，陈剑玲电话商请于我，代表他们2003届本科生的十周年同学会的筹备组。同学会中有“重返课堂”一节，教室就是十四年前他们刚入学时全年级第一次开会的阶梯教室B137。同学们希望我来上这一节，把“重返课堂”具象为“李琦老师的课堂”。我却因衡山之行而无法答应。剑玲不敢勉强老师，便用一条短信动之以情。她说，如果要再等十年才能听到我的课，女生们就都老了。这一说，倒让我不忍心她们等十年；这一说，倒像是提醒我，再过十年，不管他们老不老，我是肯定老了。那还是乘老之未至，领下同学们在毕业后给予我的荣耀吧，为他们“重返课堂”献一份情怀与思考。何况，我和2003届的同学之间，除了给全年级上过课而有通常的师生情谊之外，另有联系的情感的。他们的毕业典礼，和我大有关系，而且我充任司仪。我遂放下自驾衡山的念头，改为公共交通系统往返，时间上便也显出了紧凑。

十年前，我自己不时生出好奇心，若是有机会回到高中的课堂，听老师讲一节语文课，或回我自己的大学课堂，听老师再讲讲民法、刑法的，不知会有哪般感受。尤其是在我自己身为人师之后，我能从我的老师身上另学到哪些呢？这好奇心终究是难以满足了。这样的心愿，于我自己，又实在是沉在心里快成结了，一时间化不开。在1991届的同学们二十周年会时，我这做班主任的，带着三分期盼、三分提示、三分批评，说他们以后的同学会，若还一味的吃喝、嬉闹，如何显出了大学固有的气息与风雅？该请当年的任课老师上一堂课，这同学会才真正可以叫同学会的。座中颇有赞同我的提议的同学。留作后话吧。

到了西元2012年，2002届的本科毕业十周年纪念，我是唯一一个以任课教师之资而受邀的老师。郑光忠代表整个年级的同学邀请我出席时，我很坦率而郑重地向他建议，聚会期间腾出点时间，请当年的某个老师再上一堂课，重温做学生的感受。光忠与同学们商量后接受了我的建议，并请我来上这一堂课。我以为责无旁贷，也欣然受命。于是，我以“我们处在怎样的时代”为题，把这几年对这个时代、对当下的世风人心的辨思说与同学们。我希望这一课,能触动他们可能因庸碌而麻木的大脑,也能平复他们因功利而焦躁的内心。我自己后来想,同学会上受邀出席,固然是老师的荣耀,而做老师的,有什么非出席不可的因由吗?姑且当作是类似于履行“后合同义务”吧。而给同学们上这么一堂课,呈现给他们我自己新近的思考,就当作是“售后服务”好了,或者是如同“车载导航升级”,也许能够略略相助于同学们修正行车轨迹、把握行车速度。

剑玲和她的同学们对我讲什么同样全无要求,大概的心思是重新讲讲当年给他们讲过的宪法学中的某一节。我嫌以这样的内容“重返课堂”,过于仪式性了。但是,照着上一年来讲“我们处在怎样的时代”,又像是我没有为2003届的同学们单独备课,岂不亏待了他们?这个念头触动了我。有什么是当年我这个老师该和他们说,却因为我自己学力不逮、眼界狭窄而漏过去了?有什么是我现在能够补了我当年的缺、又是他们应该有所知的?这自然是有的。

说来,同学们是厚爱于我的。他们大体是挤出来一个半小时的时间,正好是这所大学两节课的时长,任由我来延一延学业。接近下午三点,我步入指定的教室,他们当年的B137。我这个几乎不携片纸、不用电脑演示文稿上课的人,这回却手上带了两本书给他们补课。倒不是我要照本宣科,而是作为实物展示用的。其中的一本书,是《大学校长林文庆》。我从文庆校长讲起,讲他的大境界,大视野、大胸襟、大气魄。我想,他们中的每一个人,在这一刻之前,是不知道文庆校长的;我想,他们中的绝大多数人,若非由我口述文庆校长,一定是无缘知道这位伟大的校长的。这课,我非得给补上不可。我向同学们推荐,读一读《大学校长林文庆》;我还与他们提议,“下课”后的校园漫步,转了去文庆亭,看看文庆校长,鞠个躬。为了让同学们更透彻地了解文庆校长,我专门带了《与学生书》,建议将书中“大校长林文庆”一篇与文庆校长的传记一起读。我相示《与学生书》于同学们,另有一层用意。内中“厦门大学,那悲悯与传奇的学园”这一篇,是可以大助益于同学们了解他们的母校的历史、气度、情怀、人物的,也当读一读,以补课。在我向同学们讲述1937年之后的厦门大学时,我总少不了特意指明,“东瀛来恶客,铁蹄踏学园”。我所补之课,也由此一校之历史而引向了民族的历史与现实。

我把话题转向我的衡山之行。我向同学们介绍衡山忠烈祠,介绍衡阳保卫战,向同学们讲述我一介布衣只身往祭于衡山忠烈祠。我也讲此前在成都左近的建川博物馆里的川军抗战纪念馆所见、所知、所感、所思。这个时代的中国人,对于先辈的艰苦卓绝、惨烈牺牲,已近于无知,更不用说感同身受了。这个时代的中国人,身心里已没有了先辈的血性与果毅,性情上也缺了前贤的风雅与放达。钱穆先生在《国史大纲》里申言,国人于国史须怀“温情与敬意”。他这么申言的时候,正值抗日战争之际。抗战是眼前的而非历史的,是具体的而非符号的。《国史大纲》最后一节,标题为“抗战胜利建国完成中华民族固有文化对世界新使命之开始”,其下并无具体内容,只寥寥数语:“本节诸项,为中国全国国民内心共抱之祈向,亦为中国全国国民当前乃至此后共负之责任。不久之将来,当以上项标题创写于中国新史之前页”。如今去钱穆先生作《国史大纲》,已历甲子有余,抗战早从眼前的变而为历史的。然而,今日国人于此历史,怀了几分的“温情与敬意”?我把一校之历史,置于一国之历史中;把一国之命运,投射于一校之跌宕中。国与校,固然有别,更是相连。这一番补课,就当补的“温情与敬意”之课吧。

同学们把这一环叫作“重返课堂”,便是“温故”了;我则以补课而领他们“知新”。合起来,正是师生同堂演绎“温故知新”。有了这一环,同学会就不只是热闹,但盼也添了一丝情怀。正如当年他们年少问学时,不能只有青春、朝气、激情、浪漫一样,现在更该有辨思,有面对沉重、肃穆时的从容、淡达。

惟文有庆：十六载耿耿乎门义路，

百千年熙熙矣时雨春风。（文庆亭题联。林文庆，厦门大学创校校长）

萨公本栋，掌校八年，呕心沥血，更以肉身奉献于厦门大学。赖萨公之悲悯，本校在东瀛狼烟中依然弦歌不辍，免于颠沛流离而为『战时最完备之大学』。

第二折

严师

怀恭敬之心走进教室

在法律硕士研究生开学式上致辞

厦门大学法学院招收在职攻读法律硕士学位的研究生始于1998年。我从这一年起担任相应课程,先是法理学,后来是宪法学。这十五年的时间里,不仅我专业上的积累渐渐增进,对教书一职的理解也随讲台上的肃立、行走而精微、深入。这十五年的时间里,除了教习学生专业上的知识、理论,也不时应主事的同事的安排、约请,于一些年级的在职硕士研究生的入学典礼上作为教师代表,略为致辞,以添仪式性成分。在我看来,这样的仪式殊为必要。我所说的一些话,即便在没有安排我典礼致辞时,也总会在我的课程的第一堂课上以更充裕的时间说得更细致些。我自己是把说这样的一番话,当作我的课程的"开课仪式",以区别于他们作为学生启动三年学业的开学仪式。开学仪式算是官方的,我的"开课仪式"则是我个人的、民间性的。

这些在职攻读学位的学生,很有一些与一般学生的不同之处。大体上他们是本科毕业至少有四年的时间,正在从事司法实务工作。因此他们是“半工半读”的,每学期从各自工作、生活的所在地前来厦门大学,上七周的课。这期间便需要兼顾学习与工作、生活,每每会有难以兼顾的冲突。这是他们的难处。许多同学克服了这不算小的难处,以工作经年的实践积累来汲取新的知识。可也有一些同学,在无法兼顾学习与工作时常常“工作优先”,妨碍了本不该妨碍的学业。更有一些学生,并不真为了学习而来,起始就存了心思混一张文凭好装饰或垫脚。在上过几年他们的课后,我逐渐了解了他们的困难、心思,也知道了有一些同学对课堂的态度。我在开学式或“开课仪式”上说的,是有针对性的。

我向他们特意强调三个转变。第一个转变,是空间的转变。从办公室转到了教室。这个转变是有形的,因此是容易体会到的。不过也未必。例如在办公室私人的移动电话响铃算正常的,可是在教室里电话无论如何不能出声;在办公室为了不妨碍同事而起身离开接电话算是有礼貌的,可是纵然为了不妨碍老师上课而走出教室接电话也是不对的。很多同学延续了办公室的行为习惯,造成教室里电话响;有的同学意识到教室里不能接电话,便在我上课时走出教室接电话,却不知道这也是不应该的。我不得不向学生们特别提示,如何使用电话在办公室和教室是完全不同的。据说,有一位同事,实在无法忍受学生们在他上课时没有教养的电话,愤而“罢课”。他本是个谦和的教授。

第二个转变,是无形的、隐蔽的,身份的转变。从一个法律实务人士,甚至可能都居官带“长”的,或是个博得了盛名的律师,转变身份成了学生。这个身份转变是随空间转变而来的。我提示学生们,不管出于何种动机,既然自愿选择回到教室来,暂时便只有一个身份了,学生。我希望他们很纯粹地只把自己当学生。守学生的本分,就是纯粹地做学生。学业上该认真,教室里该有规矩;纵然遇到工作、生活上的事情与课业有冲突,也不能轻易就简慢了学业,因为来做学生是一个成年人的理性的选择。很多学生轻易地就拿工作、家事为理由而缺课,浑然不知他这个时候首先是学生。也有一些学生,带着几年工作中沾染了的圆滑、世故来对待老师。我说的“纯粹的学生”,也含了要这样的学生把那些圆滑、世故搁在教室外边,不要带了进教室。我也总是同时和学生说明,我希望他们守学生的本分,例如在上课前擦了黑板以恭候老师上课,也一定自己守了做老师的本分,例如我会相应地在下课离开教室前把黑板擦干净了再走。在我的立场,守我自己做老师的本分,其中必是包含了要求学生守本分的;不要求学生守本分的老师,便是自己失了本分,那是迁就甚至纵容了学生;我用我自己的本分,来回应学生的本分,来恭敬守了本分的学生。坦言要求学生守本分,与其说是对学生立了规矩,毋宁说是先给自己立了规矩,以此自立的规矩来授业、解惑。

第三个转变,是语词系统的转变。重新回到学校来,面对的是老师和专业。很多同学却延续了工作中的习惯,写起课程论文和学位论文来,很像写工作报告或领导讲话稿。常常看到学生交来这样的作业或论文,实在无法卒读。我提示同学们,在职研究生学习期间，作业和论文是向老师、向专业共同体表明自己的专业素养，以此素养寻求相应的“专业认证”，例如课程成绩和学位证书。这个时候，每一个学生都是进入了专业领域，作为专业人士，暂时和工作中的具体身份无关。在这个专业领域中，他必须使用专业术语。一个专业人士的专业素养，不仅表现为他在专业上的独到见解，也表现在他使用专业术语的精准和娴熟。精准、娴熟地使用专业术语，也是一种“专业认证”和身份标示。我和学生说到，在一次在职法律硕士研究生的论文答辩中，我对一个答辩人投了否决票。这个学生，不仅专业见解在他的论文中乏善可陈，而且行文也很不专业，通篇大白话，完全看不出来他具备说得过去的专业素养。

有几年时间，我反复说着这一通话，“三个转变”。我常常定位本科生甚至硕士生为“成长中的成年人”，而这些在职攻读学位的学生，已是完全的成年人了。本来，对于一个已经接受过高等教育的成年人来说，在这个“后本科”阶段的学习中，原是不需要说这些属于常识层面的话的。可我分明又以为有说的必要，学生们听了我说的，多少也还是真得了提醒甚至警示，倒不枉我的用心。这情景，正契合了这个转型时代的特点。人们看来是越来越离开常识思考、行事了，生活不时就显出了不合常理的一面。“回归常识”，适成为当下面对的一项社会性的目标了。

最近的一次，我继续荣耀地作为“任课教师代表”，和新入学的在职法律硕士研究生说说话。我阐明我对教育的新的理解，“教育乃是修行”，以造成一个人的大视野、大胸襟、大气魄。

由此,教室便成了“修行”之所。用以“修行”的教室,自有其尊严和神圣性,不论这教室在物化的层面多么普通甚至简陋。教室固有的尊严和神圣性,要求每一个学生自觉守护,也要求每一个老师自觉守护。我希望,每个同学认真地、严谨地、郑重地步入教室,而不是轻慢、随性、懈怠。为此,每一个前来求学的人,都必须怀着恭敬之心走进教室。

自然,我知道,我自己必须先怀着恭敬之心走进教室。

百年树人，江山方称锦绣；襟怀云水，学府遂有高风。

平安夜·宪法课

壬辰龙年入秋，西元 2012 年秋季学期，我给新入学的 2012 级法律专业硕士研究生讲授《宪法》。课程的第一周，我安排了一场“开课仪式”。我在讲台上就着学生名册，逐一点每个同学的名；同学们则作自我介绍，我间或有一两句对话。我的用意，依然在于把抽象的、笼统的师生关系具体化与具象化，尤其在这偌大的阶梯教室里、面对几十号硕士研究生。借着“开课仪式”而将师生关系具体化与具象化，便是将教室里学生的“在场”仪式化，也由此强化讲台上授业解惑的师者的责任感。到了期末的最后一堂课，我再一次点名。这是课程中的第二次点名，也算有始有终。我以之为“结课仪式”。这最后一堂课，适逢西人的“平安夜”。宪法既是生命个体的制度性安顿，《宪法》课于平安夜落幕倒是很合宜。我曾偶遇平安夜而在图书馆开设讲座，谈论“生命，在阅读中展开”。有趣的巧合。

数年来，我总是时时向本科生、硕士生提示，纵然是在“可消费的教育”时代，大学教室也该是大不同于超市的。以点名和其他方式体现的仪式化，就是我拒绝教室“超市化”的具体举动。第一堂课点名，缺了好几个应到而未到课的学生。说是学院方面为了照顾那些参加司法资格考试的学生，准他们延迟到校入学。在我看来，这是迁就和姑息学生。最后一堂课点名，缺了两个应到而未到的学生。其中有一个学生，事后发给我短信，坦言他出于自己宗教上的信仰而参与平安夜的相应活动，很诚恳地要当面向我道歉。我一方面表示接受他的短信道歉，不必另行专门前来当面道歉；另一方面也表示尊重他基于宗教信仰而缺课，只要他缺课是严肃的而不是随性的，因此他并不必要向老师道歉，可以只说明缘由。

另外的一个学生在邮件中告诉我，她不得不回到原先参加司法资格考试的地方领取成绩证书，不敢因此请假。这个学生，是我在这门课程上前后两次点名都没有“在场”的全班唯一一个学生。我拒绝了她前来当面陈情与道歉的请求，回复邮件相问：课程的第一周和最后一周，我两次点名，她都不在，我算是有这么一个学生，还是没有这个学生？过了几天，这个学生在办公区楼道里遇到我，说要和我谈一谈。出于礼节我不能再拒绝她。面谈中我告诉她，这个学期我没法给她成绩，她必须随下一年级重修这门课程。她很意外，也显得很受“打击”。我只好将谈话时间延长，以示对学生尊重。

元旦过后的工作日，我收到了她发来的邮件，回了她。以下是我们之间几次往返的邮件：

2013 年 1 月 4 日，来自学生的邮件照录如下：

老师,您好!

在和您交谈了一个半小时之后,我还是久久不能平静,也就是在这2012年的最后一天,我经历了很多,或者说是我才不得不回首自己做了些什么。

在这跨年的夜晚,在别人都出去狂欢的夜晚,我只想一个人留在宿舍,伴随一曲《月光》,静谧的品读《与学生书》,希冀能从中找回我所错过的谆谆教诲。

看到您十六岁就离开父母来到厦大,际遇诸多良师,并承续着"教书育人"的事业。在《与学生书》您先做的"思忆我师",向我们讲述您在厦大您的学习经历,更多是年少时的"感觉"与现如今回首时的"感悟"。我看到您对母校的深切热爱,也明白了您之所以对我们的严格要求。您的叙述中厦门大学是悲悯与传奇的学园,对于我这新进的学生,学校是美丽而嘈杂的、闻名而空虚的。她的美丽让我陶醉,她的嘈杂让我浮躁,她的闻名让我自豪,她的空虚又使我迷茫。幸而有您这样的老师愿意引领我们。从您的回忆中我看到了校史馆中看不到的东西,感悟到了这所大学真真引人入胜的气质。

您从今往前推,回顾了很多小时候学习的事,并写到了在不同阶段对您产生不同影响的老师。学业上有分科,看似不同的教学,其实都是在从不同的方面启迪心智。您和老师的故事、厦大的故事都给人一种敬畏之感,但又是水到渠成的感觉。

在和您的交谈中，你斥责我无视纪律，藐视课堂，其实我真的是很委屈。但我的行为又是给人这样的感觉，以至于我都不敢向您说，我本科上的是警校，在军事化管理下，我知道扣错一颗纽扣、迈错一步步伐、无故缺席是什么后果。

对于我来说课堂是神圣的，这也是我放弃工作到这里来学习的原因。当然对您我也是敬重的，就像您对我们学生的重视。我的不辞而别不是"逃课"，是害怕给您留下不好的印象，没想到越办越糟，挑战了您作为老师的权威。

宪法课是您的课堂，您可以有自己的课堂纪律，但它同时是我的学业，对于学生意味着很多。当您判处我"重修"的时候，我真的接受不了，我真的不敢相信。这是我最爱的课堂（不管您相不相信），宪法课是最受班级同学欢迎的课。还记得您在第二节课中说"今天怎么来这么多人，小小的教室都坐满了"。您鼓励我们发言，善于引导我们思辨，而且注意细节。记得在一次讨论课，在就"为什么要有'特别多数'"发言后没有把黑板擦掉，在您的提示下才恍然大悟。可见您是看重细节的，从您授课时齐整的着装就可以感受到您对课堂的崇敬。都说细节决定成败，我真的想做到尽善尽美，我的不辞而别不是亵渎，更多是出于害怕。

其中我犯的最大的错误就是没有把"学生"托付

给"老师",我对老师更多是害怕,而不是相信。

看到了大校长林文庆的执着与牺牲,真觉得自己太小家子气了,修养不够、境界不够。宪法课是您的课堂,但也是我的学业。虽说学业成绩与学生品德好坏没有必然联系,但能否请求老师给我一次机会,我能否用其他方式弥补我的错误。您是记得我坐在第一排的,我平时是有上课的。形式上的不完整能否用其他形式弥补。能否在我考试通过的情形下,勉强给我及格。能否不要直接判处"死刑",给我个缓刑的考验期。我愿意下学年重新去课堂,毕竟我错过了学识之外的道理,而这些都是老师,而不是宪法学教授,无私的教诲。我也很希望老师能推荐书目给我,让我把失去的补上。

对于重修,我已经听进去了,这并不是恶意的惩罚。可是当父母问我在学校学习情况,嘘寒问暖,我真的无法告知他们我将要挂科。虽说他们没什么学识,但尊师重道还是懂的。虽然我是女孩,在闽南这么重男轻女的环境下,他们对我还是给予厚望的。当初父母让我只身一人搭上北上的火车,去到远隔两千多公里的保定学习,他们希望我能独立。虽然家境平平,父母还是尊重我的选择放弃公务员来到厦大学习。原本担心他们负担大,父亲的一句"放心读",坚定了我继续上学的决心。但如今我让父母这么不放心,我真的无言面对江东父老。所以我当时真的觉得晴天霹雳。我并不是觊觎奖学金，学费之事我相信总可以解决，我愿意放弃奖学金，捐助给希望小学相信是个好的去处。我并不是来混文凭的，我也不是看中奖学金，真的，要不我也不会坚持选择读书。

记得您说过，现在的学生很会“绑架老师”，总是让老师来迁就学生。但我还是要恳求老师，我不想让父母失望，不想让他们操心，不想让他们恨铁不成钢，所以我还是得冒着惹您生气的风险，为难你。我终于知道惶惶不可终日的感觉，我甚至无法静下心来。

我知道您很生气，我给您的第二封邮件您都没有回我，不想见我。我也去过您办公室多次，但没有遇见您。今天中午拦截您，我很抱歉。但您还是请我进办公室了，虽然您不愿请我喝茶，当然我知道我这么一个学生不是来品茗畅谈的。老师我真的知道错了！您能否再给我次机会。

师道行，学子精。您向我们流露您平实而真切的感悟，这些都需要我们慢慢在接下来的人生中体会成长。我真心认识到自己的越界行为了。老师，对不起！

最后，在这节日里祝福您，就像祝福我父母般真诚！

（这封信将于假期结束后发出，希望没影响您节日的心情）

2012 年 12 月 31 日

我在2013年1月4日的回复如下：

同学好！

很意外在工作日第一天看到你的邮件。既然你以这样的方式向老师恳求你的学业，再不通融，似乎做老师的过于冷酷了。

如果从沟通与说服的角度来说，你的邮件算是非常周全的、细致的，也做到了换位思考，从老师的角度来提出不重修的请求。我变通一下好了。这学期你照常考试，我按照你考试的状况正常评定成绩。这算是我据此提前把你的成绩给你。下学期，你随在职法律硕士研究生听我上六周的宪法课，每周两次课。如果这和你正常的课冲了，你就改为随2013级的同学修课。这样，你在时间上必须重修，这是你在邮件中提到的，而学籍管理上并不出现你重修的记录。后续是否如期到课堂听课，取决于你的自觉。

你成功地说服你的老师变通以待你的学业。不过却也是另有所失的。只是这另有所失是你看不出来的，也可能是你不在意的。

上次和你说到2011级的一个同学，这学期重修宪法。我的决定对他影响也很大，父母面前的解释，奖学金的错失。但是他能够很坦然地尊重老师的决定。我知道他因为重修而影响了本可以得到的奖学金，导致学费困难，表示愿意帮助他。有一个毕业十年的学生，去年拿出一小笔钱，用来帮助困难的学弟学妹。但是他不想通过官方的途径，便没有把钱捐给校方或学院，而是直接给了我，全权委托我处理、使用这一笔钱。2011级的这个同学和我说他可以自己解决因奖学金错失而带来的学费困难。我也乐意尊重他自己面对困难的自觉选择，认为这样的困难作为磨难是他未来人生非常重要的经历与财富。我由此非常敬重这个学生，敬重这个在我看来很冷酷地严格要求他时自己从容面对的学生。

去年我给本科二年级的同学上《辩论与演讲》。有个同学擅自缺课。我也和她说我将取消她的修课资格，她无法得到学分。她在解释和恳请无效后，继续随着课程学习。我其实当时就是考验她，是否会在我不给她学分之后，只因好学而继续留在我的课堂里。她做到了。我在期末照常给了她学分。如果她当时一再地向我恳求，我便当她是个只看重学分而不在意学习的学生。她便无法通过我这没有言明的考试，由此真正失去这门课程的学分。

如果你在岁末最后一天的长谈后能够因尊重老师而接受“重修”的决定，我反而可能要深思，我的做法是否过于严厉了，我更会喜欢和敬重这个接受我的严厉的教学要求的学生。如果你的这封邮件，只谈你读《与学生书》的体悟，表示理解老师何以如此苛严于你，我有可能会自己改变决定。毕竟，这样的决定，在老师的自由裁量范围。现在,我是因你的诚恳的请求,带着迁就地满足你的愿望,我反而不会躬身自省了。

这就是你有效的说服与请求之有所得与有所失。我用这么长的篇幅写这一层意思,是告诉你,人生中的得失,未必如当下、眼前所能见。这也是我要写"舍得即人生"的用意。跨年之际你读《与学生书》,看来是没有读到这一节的。

你给老师写这封邮件,于你自己的定位,它应该是非常重要的。可是,它在行文上时时显出了些微的粗糙。你不妨自己读读,是否可以写得更顺畅、规整一些。

谢谢你愿意直率地和老师交换意见,谢谢你读出了《与学生书》中的意思,谢谢你体谅老师而只在工作日发送邮件。

学安!

你的老师,李琦

2013 年 1 月 4 日

这个同学在当天给我的回复:

老师,您好!

看到你的回信,我先是欣喜。踟蹰了三天,鼓起勇气把想说的都说了(我所担心的,我所希望的),一切似乎都如愿以偿了……可回过头来又怅然若失!

首先要谢谢您成全我的虚荣。的确,我舍不得

“好学生”的名声；舍不得“好孩子”的头衔，我需要一张不挂科的成绩单。都上研究生了，还是那种“不大的事可以乐翻天；不大的事却放不下”的人，为什么我到这个年纪了还是这么的幼稚？诚然如您所说，经历的挫折太少。

很高兴您还愿意和我说这么多，您真心不是一个敷衍人的老师，这是我有史以来收到的最长信件，在如今的社会中，多半人是不愿这样交流的。给您的信，我也是“我手写我心”，以至于码字过于零散随便了。

原先的欣喜，在您给分析了“得”与“失”之后迅速降温了。我觉得我“不诚实”。觉得自己抢了您的指挥棒，修养不好。您要给我的盒子里可能装的是“原谅”，时候未到，我提前打开，礼物就变味了。我觉着盗窃了原来不该属于我的东西。

期末考试的紧张备战，订票回家的兴奋不已，我有很多的事要做，只有您的来信能让我镇静下来。我争取了半天才发现，我得到的并不是我想要的。您说我“说服”了您，看来我还是强人所难了，这不是“原谅”，哪怕我拿到了成绩，我也无法正视这“要挟”来的结果。您说过“大学是个游泳池，是专门供年轻人试错的”，好在错了有尽职的老师和友善的同学指点，提示。我这样做，是不是把岸上的人也拉下水了？

老师您原本只需要告诉我简单的决定就好了，可是您还是把您的真实想法告诉了我，并给我分析了得与失。相比单一地告诉我结果，您把真实想法告诉我，与其他同学的坦然相比，我的固执让我觉得很惭愧。您的成全反而让我不敢面对，我是不是在作茧自缚？您要的是“改变”，而我做的只是哀求“面子”。其实“原谅”才是我想要的，但这个却是奢求不来的，我得到了“成绩”是不是就意味着永远的失掉了“正视自己的机会”，对于“强盗”得来的山芋，老师请您告诉我该怎么做？

我的回复是：

同学好！

你现在再来问“老师请您告诉我该怎么做”，并不合适。老师尊重你的恳求，让你如愿了，并且多说了一些话，算是做老师的尽责了，甚至都可以说是很敬业的了。你这一问，依然是内心里不肯自己对自己的行为负责的心思。缺乏内心的力度。

在这件事情上你的经历，大概比我的课堂对你的触动和影响更大。这很好。当然，课堂之外的沟通与交流，也可看做是课堂的一部分，或者说是课堂的延伸。我希望课堂对同学们来说不只是理性和纪律。

粘一篇我就本科生的选修课所写的小文章给你看看吧。

过了两三天，学生的回复：

老师：

好！老师，我不禁要怀疑您是否是学心理学的，很多东西我自己都郁结不开，您却能切中要害。是您见的学生多了，还是您也曾经迷茫过？当然，这样我也就更有勇气说出真实的想法了。首先，我得对我肆无忌惮地把问题全都抛给您表示道歉，我总是瞻前顾后，左顾右盼，然后失去了方向。

很高兴您愿意和我分享您对“教师授课与学生治学”的体会，虽然没有参与，但也可以从您的描绘中感受到别样的温情。我也是现在才知道B521还用来上课，之前以为只是会议室。的确，马蹄形、半环抱式的座位设计总能拉近彼此的距离，与规规整整的方形排列来得温暖。每个教室都有它的特点，每个课堂也都有它的特色，您给每个课程的开始举行一个典仪，让我们有了一个郑重的开始。现在才明白为什么当了这么多年学生，从来不按年龄记事，都是按“年级”“课程”记事，每每都是“高一的时候怎样怎样”“上宪法课时怎样怎样”，因为不同年级、不同课程的感觉是不同的。也许记不得当初学了什么知识，但记得当初的老师，能因为一件事、一句话，回忆起一年甚至人生一个阶段的事。

的确，现在的学生都注重考试而非学习，我自己也是无法释怀。真的很感激老师让我参加考试,我愿意下学期随着在职研究生重修,也自愿并乐意把奖学金全部捐出来(如果能获得的话);这是我真实的想法,在之前的交谈中我也明确表示过。

在和您一周的"交谈"甚至可以称为"讨价还价"中,我的心理几经变化。先是不知轻重的云淡风轻,再是知道后果的追悔莫及,再是不知如何取舍的手足无措,但现在我感觉一切都是可以接受的了,甚至都有点忘了事情的起因了。您的回复颇有孔夫子"不愤不启,不悱不发"的意味,在我一个人、一件事上花费这么多的时间和心思,虽然我不敢确定自己是否真的明白了,也不敢擅自"举一反三",但还是很感激老师,感谢老师引导我思考,我的心里才渐渐踏实下来。

我于2013年1月9日当天给学生的回复:

我很高兴看到你这样的回复。想来即便不是全明白了,也是明白了很多。不枉我花这么多心思。

至于奖学金,你想怎么处理就怎么处理,是你的权利,与我的课程无关,更不因此对你构成任何约束。

你说我能"切中要害",倒未必是我见的学生多了,更不是我年轻时和你们现在一般心思。不过我终究是对学生有些了解的,加上自己的阅历,否则怎能妄自《与学生书》?

> 这事，你就不必再纠结了。梳理心思，安心期末考试。

我本以为，我能收到简单的回复，告诉我她能够安心于期末考试，至少是告诉我她收到了我的邮件。不过，一直没有任何回复。

为学生审稿的故事

西元2005年至2010年的六年里，我担任《厦门大学法律评论》主编。我的编辑方针之一是提供给最优秀的学生一些机会，在这份学术刊物上刊出他们的学业。我为此专门辟出栏目"学位论文"，选刊厦门大学法学院最好的博士论文、硕士论文乃至本科论文；审读的稿件中如果有厦门大学法学院学生的投稿，我便不再当他们是作者，而是将审稿当作课徒的一种，纵然稿件不合刊用，也要尽量细致地提出意见；我也常常在看到硕士生、本科生的尚属初坯的写作时，建议他们后续的写作并给予我倾力的指导，直到我以为适宜在《厦门大学法律评论》上刊出。这很像是我把这一份学术刊物，也当做了一间教室。算是"学术为天下公器"的另版了吧。这样的用心，自也有些收获。曾有一位年轻些的同行，在另一所大学里担任学术刊物的编辑，看了第十一辑的《厦门大学法律评论》，感叹"厦门大学法学院硕士生的学术水准如此之高"。他自然有所夸大，我还是不免添了欣慰。这一辑，刊出了厦门大学法学院在读或刚毕业的九位硕士生的论文，或为学位论文，或为课业中的专题研究。

到了2011年年初，我考虑诸种因由，坚辞主编一职。随后几个月里，未有新的主编接手工作，我也不便就这么“撂挑子”不管不顾，就自我定位为“看守主编”。在这个过渡期里，我如常处理所收到的稿件，准备将审稿合用的稿件移交给下一任主编，只是不再筹划新一辑《厦门大学法律评论》的出版，也不会再行约稿之举。这期间，收到了一篇来自一个硕士研究生的稿件，引发了一段师生间的故事。

这位攻读法理学硕士学位的学生，假设他的名字叫实有，给我“看守”的学术刊物发来一篇书评性的稿件。我看了，以为是一篇有相当基础的稿子，可以在修改后刊发，遂细致地提出了进一步修改的意见，包括他应该增加阅读的文献。慎重起见，也为了给实有同学更多的指导，我另请编辑部的同事黄君专门审读这篇稿子并提出修改建议。我静待着实有同学在参酌我们两人的修改意见后，改出一篇有质地的学术论文，既不负他的学业，也不负《厦门大学法律评论》。

不料，后来情事逆转。以下照录实有同学发给我的邮件。不过，这个时候，他并不知道我已经是“看守主编”了，以为我是和过去无异的主编。

2011年8月4日实有同学的邮件：

李师赐鉴：

学生最近正在修改上次投稿的书评。但遇到一事，不知如何处理，特向您写邮件请教。

该篇书评，学生在完成之后，于今年1月9日向台湾地区的刊物、中央研究院历史语言研究所主编的《法制史研究》的书评栏目投稿，几日后即得其回复，该文会进入编审程序。但是过了许久，未得到进一步消息。故四个月之后，即今年的5月8日，再向《厦门大学法律评论》投递了稿件。

昨天晚上打开邮箱，便看到了《法制史研究》编辑部的邮件，告诉学生文章已通过，全文如下：

实有道鉴：

大作《阴间观念与神明裁判：宗教和法律文化的互动——读康豹著 Divine Justice: Religion and the Development of Chinese Legal Culture》一文投稿《法制史研究》已审查通过，将于第十九期刊登。谨附上审查意见与《法制史研究》撰稿格式，以作修订参考，敬请查收。

碍于本刊后续流程，恳请您于12天内(8/14)前修改完毕并掷回编辑部，以利后续作业处理，不情之请，尚祈海涵。如有任何垂询，请随时与编辑部联系。

端此　　敬颂

研安

法制史研究编辑部　敬上

学生已经先去信一封给《法制史研究》编辑部，诚实说明情形。这类涉及不同法域和时间先后的稿件，学生感到惶惑，该如何处理方为合宜，尚祈李师为学生决之。琐屑渎扰，幸恕唐突。专肃，敬叩钧安。

学生实有谨呈

我当即回复：

实有好！

如果我只是你的老师，你向我询问如何妥当处理投稿事宜，我自当尽力助你思虑以策周全。可我却又是你投稿所生难题所及一方“当事人”，我就既不合替你决断，也不适合就此给你相应的建议。你最该向其他老师讨教、求助，我只宜相对消极地接受你对稿件的决定。

作为老师，我当然可以说也应该说的是，如果你的书评在《法制史研究》上刊出，编辑方纵然没有要求你修改稿件，我也以为你原封不动地刊出你的书评未必合适。参酌我的意见加以适当修改不无益处。

出现这样的情形，固非你所愿，甚至可能致你惶恐，在我看来却也是你在学术途中的历练。学术上的历练与积累，不止于知识的积累和思考力的提升的。

夏安！

几天之后，实有同学的回复：

李师钧鉴：

尊敬的李师，很抱歉，没能够及时回复您的邮件。

最近这几天，学生感到难受与惶惑不已。每晚睡前坐在床上，心中就思念起此次因稿件而生发的两难。

读过您的邮件后，学生据您的建议，给其他老师写邮件求教。得到的建议是，若有机会，可考虑在台湾发表，前提是“保持自己的学术旨趣、学格、人品”。不过，学生还是从心里告诉自己，对您坦诚，而不是拿其他老师的建议为自己背书。诚实地说，因想着为下一学期预备中国法制史博士课程的复习与申请，《法制史研究》在此方面的针对性强，所以，学生的私心是偏向于它的。

只是，因为学生的决定，给《厦大法律评论》的编辑工作带来的麻烦，学生真的不知如何才敢请老师谅解。您对学生说，“出现这样的情形，固非你所愿，甚至可能致你惶恐，在我看来却也是你在学术途中的历练。学术上的历练与积累，不止于知识的积累和思考力的提升的”。学生和××谈起此事时，她回忆说，三年前修改《言论自由的反讽》书评时，感到痛苦不堪；而您也如此般鼓励她，说这样一次的历练，胜过多少个课堂的学习。

谢谢您，亲爱的李师，为了从2005年年底在漳州校区时学生听到的人生第一场讲座（整场讲座，厦门大学的校歌环绕在学生耳边），到2007年下半年那一堂堂这辈子或许再也不会有的特别的课，直到如今“望之俨然、即之也温、听其言也厉”的您。

若是可以，最后，依然恳请老师能够原谅这名不争气的学生……

冒昧渎陈，尚祈吾师谅之。谨复，即叩钧安。

2011年8月14日，我给实有同学的回复：

实有好！

你的决定是我意料中的。若你会做另一种选择，也就基本上不会有早先向我救助的邮件了。

此事如何取舍，原本容易之极，殊无为难与称难之处。其所以难到你了，无非功利层面的考虑。由是，再谈“保持自己的学术旨趣、学格、人品”，似有南辕北辙之嫌。

假设此番你的选择是在《法制史研究》和别的一家学术刊物之间，你现在的选择不过失了信用而已。如此，我会告诉你该守着你的信用，尽管《法制史研究》的诱惑大些，亦即你的得利大些。可我是《厦门大学法律评论》的主编，我固然不便如此示意于你，事情的性质却也由此大有不同。你之失信，不是一般意义上的对于学术共同体的失信，而是对老师的失信了。此处我所指老师，不独是我个人，主要不是我个人，更是《厦门大学法律评论》及其相关的法学院乃至这所大学。将你的选择，称为“欺师”，纵使有些过，也不是你的本意，却未必相去事情的性质很远。

你所需要道歉的，其实不是你给一份学术刊物的编辑工作带来了麻烦。这很小。黄老师和我，即使不是关联着编辑工作，只是作为你的老师，为你的论文审读与勘误，也是分内的。此所以上一次邮件我依然建议你如果将论文刊在《法制史研究》，也最好参酌我的意见修改。你需要明白，你的所为，已非失信，而是对师道的冒犯。我这样说，当然不容易被你和之外的他人接受，以为我小题大做。可为什么不该小中见大呢？

我反复思量，是否该这么回复你。也许我言重了。我如此言重，不意味着我会改变对你的看法，更不会由此鄙夷你。你不过在今日这样的一种接近于邪魔当道的学术环境中学做学术人。身为老师，我不愿意你错而不知真错所在；身为老师，我不该只顾及你的心理承受而不直言相告。

我所说的历练，于你，毋宁是在我今日的邮件中。

我希望你识得我所言，此为智；我希望你心理上受得我所言，此为勇；我希望若这一番言语于你也算得磨难，那么将来不论于何处你学有所成，都对这所大学充满感激，此为仁；未来的学术之路，不管他人如何蝇营狗苟，你守得一身清白，此为义。

有此四者，不论今日你所为如何不该，也依旧可以坦然作为我的学生。

这封邮件之后，再没有接到实有同学就此事的任何回复。也许是我小题大做到他觉得不可思议的程度，不愿再回复我；也许是我的话，太重了，失了为人师者该有的分寸，他不便再回复我。无论如何，只盼他明白我的用心。

《厦门大学法律评论》

我且辞职

谷雨过后的春末里，我随口问，你们看到我的辞呈了？杨帆很夸张地说，“太酷了”；田甜则极力赞成我记下此事，说故事这么真实，更含着普遍问题，大值得写。她俩，同为本科三年级。

乙未羊年春，新学期有一个月了。细细想了之后，我与主事的同事商量，请辞我担任的2013级四个本科学生的导师之职。承李君尊重我的意愿，更理解我用心所在，不仅接受、支持我辞职之举，而且欲以我辞职带给同学们一些触动、提示。所以她征询我的态度，可否将我正式向学院提交的辞呈，公之于全院老师、同学。我乐意尊重她的意见。也因此，简简单单的辞职，带出来的故事就多了些。

录提交给法学院的辞呈如下：

厦门大学法学院：

我自请担任厦门大学法学院2013级本科生导师，指导四个本科学生。近两学年来，越发感到履职无方、课徒无能，左思右想，唯辞职为宜。

在学生方面，大概是不需要指导教师的，或者是认为我这个导师不能胜任。课业上从未见她们向我咨询，包括在最需要咨询的诸如选课上；也未见她们就专业学习中的疑惑，向我求解；成长中的困扰或难题，大抵会有一些的，我未能与闻并有所助益。如此，我这导师，毋宁是徒有其名、滥竽充数的。

在我这方面，上学期末我布置了寒假阅读，开学至今未见任何一个学生向我汇报是否如期完成了这道作业。自我担任导师以来，三个学期开学注册，在正式的注册程序外，一向未见任何一个学生向导师告知新学期已如期到校就学。我也曾经明示，该主动联系老师，而非总是被动地等待导师之召见。但是，本学期开学至今，我的学生们看来依然只愿意导师见她们，而非她们见导师。此所以我深感履职无方、课徒无能。

我谨此辞职，以便学院能够委派合适的同事接任我所指导的学生的导师，方不负其学业。我唯以辞职而尽职。

李琦　2015 年校庆日

我大体是猜测得出，她们或则是极为敬畏我这个比自家父辈还年长的老师，轻易不敢主动找我；或则是以等候导师“召见”为礼节与恭敬，忽略了她们这已经是读大学了，礼节与恭敬该有新的理解;或则是乐意见我,也敢见我,却是得了个毛病,几乎是这一辈的年轻人无人幸免的,叫拖延症。

这拖延症,我也见多了,却难以见怪不怪。之前,因为无故延迟提交课程总结,也未合礼节地向老师相应陈情,我甚至取消了一些同学的修课成绩。我有时竟以为,我不是教书,毋宁是治病,或是解他们年轻生命中的一些毒。可这拖延症,我常常难施"针药"。有一回,在研究生的学位课《法哲学》课上,我放下知识、理论、逻辑、文献,只说行事。我提示同学们,随性人所难免,因随性必懈怠,由懈怠成简慢,简慢无如伤害。于此拖延症,表面看来,不过自身行事拖沓,究其实,竟然是不恶之伤、无意之害。也无怪乎"节制乃伟大之表现"之说。

我并没有直接与所指导的四个本科生说及辞职,学院将这份正式辞呈转给了她们。两天后,四月八日午间,我收到了四个同学联名给我的邮件:

> 尊敬的李老师:
>
> 您好!
>
> 收到你的邮件,我们非常惶恐。忆起往昔种种,我们知道一错再错,让老师伤心失望至此,恨不能立即负荆致歉。
>
> 一早上的五味杂陈,一早上的心绪难安。想起当时知道您是我们的导师时我们的荣幸、欢喜和向别的同学小小的炫耀,现在却因为我们的不珍惜而失去。

您是大家在法学院认识的第一位老师,我们没有想过日后能有这样的缘分与您有如此亲近的接触和交流。我们还记得您说过导师与学生是最亲近的师生关系,这句话还被我们在宿舍聊天的时候提起过。

“大家眼中的大师,我们却有与之促膝长谈的机会”的这种心理,其实是激动又有些畏怯的。就好像那些我们打了很久的腹稿却始终说不出的话,想过主动却每每因为一点点的犹豫走不出第一步。而我们又常常担心因为自己的无知和浅薄耽误了彼此交流的宝贵时间,可我们如今醒悟,这才是我们真正幼稚的地方!回想起来之前您对我们数次的关怀、关切之深,我们却自我封闭,不敢回应,自己以为是敬重,实则是不敬。这封邮件带给我们的震撼终于让我们看到了自己的错误以及错误带来的后果。

我们深知不能拿年轻做借口,为自己的错误辩解。我们身上有太多的问题,很多时候自己都没有察觉,或者不敢自省和面对。今日您的邮件让我们完完全全看到了这些问题!我们恳求您再给我们一次机会为此做出改变。

这次学生做错事,让老师失望至极,实是无颜面对老师。但是我们希望能让您知道我们的愧疚自责,也实在是请求您能再给学生一次机会,让我们改正错误。

老师之于学生犹如父母之于子女,学生如今悔恨知错，求老师原谅！

此致

敬礼！

学生：王诤、刘琳、陈颖鑫、靳晓婷

我旋即回复如下：

王诤、刘琳、陈颖鑫、靳晓婷好：

我知道，这辞职有小题大做之嫌，换个别的导师，大概不会这么做。易言之，我并非非辞不可。我也知道，这般辞职，不免负气行事之虞、诿过学生之讥。如此，便不能辞。

表面看来，我这辞职确实如此。然而，我真正的用意，是“以辞职而尽职”。看各位同学回复的邮件，这层用意，多少还是达到了。这是我可以为我终于能够找到助成同学们成长的方式而欣慰的，更欣慰于同学们能够因我的小题大做而有所成长。同学们的回复，恳切而深责。恳请“再给机会改正错误”，不知是否含着请我收回提交给学院辞呈的意思。若按我过去的主张，诸如写在《与学生书》里的关于大学里“试错”与“容错”的立场，我该按同学们的愿望收回辞呈的。但是，若在正式辞职后又收回辞呈，岂不近于儿戏？我却不敢把这当了儿戏。再收回辞呈之举，也与我申言“以辞职而尽职”相矛盾。

> 我所辞，不过名分上的导师之职，并非我在厦门大学的教职。两年前，自你们收到厦门大学的录取通知书那一刻起，我便已是你们一生的老师，所未定者，不过我尽师者之职之方式、时机而已。因此之故，纵然我辞去导师一职，我对于这所大学每一个学生所当负之责任，并不能少，也乐意不少。你们依然可以在需要和愿意时，向我请益，或让我以别的方式作你们的“底板与底色”。
>
> 我原以为，同学们只会接受导师辞职这个结果，不会回复，或只是礼节性回复于我。我这辞职，竟是再好不过的契机，使得我们真正作为师生在交流。所以，我的名分，果然无关紧要。换个禅意的说法，不过皮相。
>
> 春安并学安！

到了下午四点半，我去教室上课，刘琳前来，代表她们四人，约我定个时间她们齐齐来见我。这是我乐意的。看她的神情、语气，我回复的邮件确实已使她们宽怀不少，也知道了该主动与老师联系，乃至“求见”。

后来，刘琳和我说起，那次见面，她们从未有过的轻松、开心。我很高兴，她们因此之故，在自我把握上终能有所进长。刘琳还和我说到，我的辞职之举，促使不少同学主动与各自导师联系，交流、请益。固所愿尔。

还另有后话。原只是我和四个学生之间的事情，多出了节外生枝般的变化。在我收到四个学生联名邮件半小时前，另外的邮件来了：

李琦吾师：

敬启

为师不易，吾侪知之。假月慵懒、师业无竟，是我辈之错，此之一因，可负荆以歉。

然为学亦难，盖因学校制度之不全、上下沟通之不达，多方会协，难免纰漏，此诚难规免之事，于今人心浮躁，更难避免。学师之道，源远流长，若以三两瑕错而径辞其道，则先生有愧、学生惶恐，于教学则何加焉？

尝闻魏文贞言：善始者实繁，克终者盖寡。世上万事，不如意者多，如意者少。望师生能互通理解、消弭贻误。本一校之所出，前后相承，弥应以错相长，更进一步，同心共力，何不能彀？

临书仓促，不尽欲言。

承蒙赐教，顺祝教祺！

您的学生　敬上

2015 年 4 月 8 日

我也旋即作复：

同学好！

我原以为，你是我所指导的四个学生之一，看来不是。那么，这番带有挽留意味的文辞，便算仗义执言了。倒也能添我一丝欣慰的。

你的邮件，直言中有批评我的意思。这些理据，也不是我完全没有想到。想到了还辞职，就只有一个理由了，落在辞呈的最后一句。就这最后一句，该可示明，我所辞，为"职"，未必就简单等同于卸了责。

你未署名，我也不知是这所大学哪个学生，肯仗义，还写得一手古雅好字。肯出言责怪老师，偏偏文辞不露火气。这足让我意外与欣喜。可既是如此，如何能不在老师面前署名？既肯尊一声"吾师"，又如何将老师连名带姓地直直道来？在回复你的邮件之前，我已经回复了她们四个同学联名给我的邮件。必要的解释，在给她们的邮件中了。你基本上可以释然。

春安并学安！

你的老师　李琦

更戏剧性的故事在后面：

李公吾师琦：

今晨看到您的辞呈，我在感慨之下的冒昧之辞竟被有心人匿名抄送与您。我这才得知，您竟回复于他。或者毋宁说，回复于我。老师之言，我多有感悟；老师之识博大精深，我若能有所取映，甚为幸焉。

诉信于您，实非我本愿。之所以又写此信，其一只因我今日之言中多有虚评，同学转抄与您而又未告于我；隐名以指点是非，诚非君子所为。其二，同学转抄之信抬头直言老师姓名，已为老师回信所指正，此一不敬是其无心之举，我已谨慎改言，但不知老师是否有字号，仍书名讳，是不得已，望师海涵。

今日我见老师所带之学生于教室内诚惶诚恐、不知所措，固此感慨。我辈为学生已逾十载，仍不能顺遂师意，我行我素，多有乖违，实历事不够多、心智未尝熟，非蓄意相悖，此亦您所知也。

初畏您辞职之事，出于心寒。然您信中道“辞职不辞责”，方知老师师德敦重、用心良苦；今日之为，或有苦衷深意。冒昧指摘，是我之错，多有歉意！

老师您常言，校主陈公嘉庚在不得已交送厦大之时曾懊恼一时，终因“有善始者，未必善终”之训释然。老师意既已决，此言亦可稍有慰藉乎？

敬祝万事遂意！

法学院后学　戊

我延了两天回复：

戊同学好：

抱歉这回没有及时回复你。

那个匿名的同学，说来该是他仗义执言，只是借了你的言。你并没有唐突之处，毕竟是独白式评论，切当与否,原与他人无关,哪怕我。

于你,可以从这事所得感受毋宁是,有些事,果然并非眼见为实。或者说,事物之实像,本有多面,我们不过观得一面。

后学一词,不合在师生关系中用的。以表字为称的传统,几乎失传了。不过,我有无字号,于你并无区别。以学生的身份,称“李老师”“先生”“老师”,都很合适。不必“李公”,更不可硬生生因我没有表字而还要在尊称中带了我的名号。

春安!

你的老师　李琦

实非我苛求与苛责于这位戊同学或其他任何一个学生。谨严有度,诚为君子本色。行止可称君子,便是“修己以安人”之至敬。这之前,2013级《辩论与演讲》开课第一堂,石墙红门的集美一(103),我写在黑板上的,正是这五个字。再后来,也是一次严厉批评之后,我在渐渐落下的夜幕里、建南钟声的余韵中,说了那天的最后一句话:

我的严词里,还有我对同学们深深的祝福,祝福你们的一生。

那早春时节，种子在地里开始吸收养分，然后发芽，从地里冒出来，生长，雨淋风侵、日晒沙袭，终至开花结果。

第三折

学子

好学生，教会老师

冬阳暖暖的午间，办公区楼道里遇到同事何君。她这些年除了专业性的工作外，另一部分工作是学生管理。我和她核实三两年前他们的一次毕业同学会，随口和她说起我正要写篇小文，和他们有关。我说，头天晚上我和2011级在职法律硕士研究生们一起的时候，突然意识到，“好老师，也是学生教出来的”。她听了，极为赞同，还说到她常常为她的一些学生所感动。是的。好学生，一定感动着他们的老师，并且远不止于感动。何君没有想到的是，她和她的同学们当年是如何深深影响着我的。

西元2009年8月7日，我应何君所在班级厦门大学法律系1985级的邀请，参与他们毕业二十周年同学会。巧的那天正是立秋。我晚餐前的致辞，便由此巧合，祝福他们在过了少年和青年后即将迎来中年，进入“生命之秋”；而这毕业二十周年的同学会，就当作是当年的书生一起“立秋”了。除了祝福，我更感谢他们。我说，他们是我教书生涯的“处女作”。1987年的秋冬两季，他们是大学三年级的上学期，课程中有《中国法律思想史》。这课本是我的老师刘明湘先生开设的，可在这年仲夏刘师荣退，遂成“蜀中无大将”之局面，我以本科毕业留任助教三年之浅薄年资，不得不接手《中国法律思想史》。到入秋后我初次登临讲台完整地讲授这门课程，他们便成了我的“开门弟子”。许多年后，每每思及那么年轻、没读过几本书、也没受过真正的“岗前培训”的我，居然就这么充起比我小不了多少的他们的任课教师，总是很心虚，也很奇怪那时我怎么有这大胆量。想那时，十足是无知者无畏了。很幸运的是，当年我初生牛犊般授业，遇到的是他们这么一群学生。那时，有一定制。每学期的半中间，校、系两级行“期中教学检查”之举，包括就每门课程以座谈会的形式由若干学生代表口头评议课任教师的教学。教学秘书很友善地向我透露，同学们对我的课程给了很高的评价，这评价远超过了我的想象，也让参与“期中教学检查”的负有教学的组织与管理的行政上责任的年长的同事们极为意外。我当时很有些陶醉、自得于同学们给我的褒奖。而这些褒奖所起的最大作用，是让我有勇气、很坚定地按照我自己对教学的理解，年复一年地手执教鞭、游走讲台、恪尽师职，直至今日。在这个立秋之夜，我感谢他们宽容了我那时的粗糙、生涩、肤浅，感谢他们为了很善意地鼓励一个年轻老师而夸大其词地褒奖我；也感谢他们的邀请使我有机会在二十二年后向他们口述我后来的感触，以比较特别的方式续了原本简单的师生情谊。

正是那些我最早的学生，厦门大学法律系法学专业 1985 级，在我从小学到大学的一众老师之外，额外地为我的粉笔生涯铺垫了底色，方便了我后来的胡涂乱抹。

十年之后，我遇到 1995 级的两位本科生，陈力舟与郑文锦。他们俩是这个年级甚至是我所教过的所有的学生中最聪慧的。力舟是非常有个性的男生，勤学善思，常有独到见解。他喜欢辩论赛，破题立论每每自出机杼、引人深思。他是极少数让我有点压力感的学生，担心自己的学识不足以启发这样聪颖的年轻人。文锦很有点人如其名的样子，很斯文很秀气，带了几分腼腆。毕业后给我寄来年卡之类的，问候老师的文辞在形、神两面俱属美雅、精致。他似乎不擅言辞，却另有才情。有一年的时间里他是学生的学术刊物《法学阶梯》的主编。这一年里，《法学阶梯》是从形式到内容最具有学术气质的一段时间。说起来，文锦便算我的"前辈"了。我是到了 2005 年才客串了六年的《厦门大学法律评论》主编。这俩年轻人，是我以为最具有学术潜质的学生。他们如果以学问为人生，一定远超过我这个老师。可是，他们如我一样，和母语很亲近却和外语很隔。学术之路于他们便缺了一项入门之资。我至今为他俩惋惜，由此为自己庆幸，早生了许多年。

那时同事去国游学，留下《中国法制史》一门课程。我是唯一适宜并愿意接手这一课程的，遂将当时通行的《中国法制史》和《中国法律思想史》分门开课的做法改了，将两课合为《中国法律史》。陈力舟和郑文锦，同窗问学，一并修习作为必修课的《中国法律史》。这课我基本上不单纯按时间顺序来讲，而是采取类似专题化的方式。我以当时的知识积累和学界通识，课上言中国古代刑事法律之发达而民事方面的法律与行政方面的法律则欠。今日看来，这不免浅陋，而且完全是以“他者”的标准来观照中国的历史文化。力舟和文锦，在学期还没有结束时，便各自细思敏察，指陈我的谬误。力舟认为，中国古代民事法律不欠缺，甚至也称发达，不过其中民事主体乃是家族这一血缘团体而非西方式的个人。文锦发现，中国古代的行政法，虽明显别于西方宪政体系中以行政相对人的权利保障为指向的，而是着落在权力控制上的，也依然堪称其为行政法，断言中国古代“没有行政法”是不合事实和逻辑的。力舟和文锦二君轻轻之言，瞬间指点我迷津。我和他们商量，就此写成论文。他们以才智和学识，就着老师的助力，写出了我非常自豪的论文。两年前我偶获师尊陈朝璧教授的遗作《试论社会主义的新中华法系的形成与发展》一文，捧读之余为之校勘，才知陈师在1980年即专门论述中国古代的行政法。文锦的识见，越过了我，直承他至多耳闻的师祖。而陈师的遗作，文锦更是绝未得见。

毕业数年后的一个晚上，力舟专程来找我。他带来了他的书稿，一部关于晚唐的小书。他告诉我，他转做律师了，但是这并非他真正喜欢的工作，于是把工作之余的时间都用在了自己真正感兴趣的历史上了。这本小书就是他的作品。我知道他喜欢历史，可不长的时间里，他的历史研究竟然就能够有小成，我着实有几分惊讶。他征求我的意见，以便这作品能够更好些。可惜我完全没有学力相助些微于他，甚至在我看来他的行文有些过于古雅了，到了我以为他的文字水平已经超过我的阅读能力的程度了。再过了两年，我从书店上看到他的书正式出版了，名为《读破三春》。一部写唐朝的书，由陕西人民出版社出版，该算是登堂入室之作了。我因此很为他高兴。后来，讲座上、课堂里，以及和学生个别交流的时候，我就常常以力舟为例，解释我所倡言的“诗性生存”。他是在顾着生命中谋生的形下的一面之余，就着纯然出自兴趣的学术与艺术将对带有超越的、空灵的一面的追求落实了。我把这看做是安顿了生命中的身心两端。

黄春莺是2000级的本科生。在她二年级上学期，2001年秋冬之季，我首次开设《阅读·理解·表达》这门课程。那时，这门并非开放式的课程，修课的十五个学生是我征求2000级的班主任和辅导员后遴选的。春莺向我申请旁听，和我说她可以不要学分，也可以没有参与课堂发言、讨论的机会，只要能够旁听。我当然应该允许她旁听，这是她的权利。几周之后，我看她确实很认真，便把她作为正式修课的一员，和其他所有同学一样作为课堂的一部分。此前我没有同样形式的课程，也没有遇到春莺这样的学生。她以她纯粹的好学、完全自觉的认真和“做自己愿意做的事情”的情怀，感染了我。我后来另有非开放式的选修课，《辩论与演讲》，每年也都有前来旁听的同学。对于那些原以为没有学分也肯坚持参与学习的同学，我和我的工作伙伴、哲学教授傅君，数年来都悉数“收下”了这些同学，给他们相应的学分，作为我们正式的学生。说来也算是春莺“身教”于我，提示我恭敬地对待那些一心向学的少年。也所幸我“收下”了春莺。参与课程的十六个同学，自行起了念头，编辑成册课程文集。他们每周按我的指定阅读文献，课堂上交流与讨论各自的读后感；课前则必须每个同学写出书面的发言稿，这既是为了课程目的之一的“表达”中的书面表达一端,也是为了方便每周的轮值主席安排发言顺序。他们当时的心思是,这样的课程文集除了可以供自己纪念,也可以将他们在课程中的思考与无法参与课程的同学交流。这就带有“学术为天下之公器”的态度了。春莺对这册课程文集起了至关重要的作用,非她不足以成就这一册极为独特的文集。春莺给文集取名《声音碎片》,并以纯手工的方式做成了这一册。每一天,这一册《声音碎片》都静处在我的书房里。我为《阅读·理解·表达》写下了一些记述性的文字,也是缘起于与《声音碎片》相唱和。这些记述性文字,现在已经深契入这门课程了。

西元 2004 年 9 月,同事从福州带回一张报纸,《海峡都市报》当月 22 日的。同事相告,她在福州给我们的“研究生课程进修班”的学生上课,有一个学生托她带给我这一张的《海峡都市报》。那上面有篇小文,“九月,我在福州想念李琦老师”。那个学生正是看到了这篇小文而将报纸托同事转给我的。这篇写老师的小文,作者是黄春莺。原来,报社有征文活动,春莺借机写下了:“九月,又是一季凤凰花开。厦门大学的凤凰花每年盛开两次,六月辞旧,九月迎新。福州没见到凤凰木,我只好在鼓屏路的大樟树下怀念我的大学,想念曾带领我们在开满凤凰花的园子里行走思考的李琦老师”。春莺说,“在午后的校园里走过,经常会看到李琦老师,他低着头往法学院走去。低着头是他走路的最经常的一种姿势,我们知道他在思考问题。看到他,我们总一直犹豫着要不要跟他打招呼,生怕打断了他的思考”。我倒不知道我是这个样子的,自己看不到。该谢谢春莺,给了我一幅素描，让我能够“看到”自己。

春莺还写到他们一年级时我给他们上《宪法》课：

> 大一时上宪法课，是一个被李琦老师“洗脑”的过程。我们这些沐浴在党的阳光下和社会主义春风里、刚从高中毕业的孩子们，要开始学习以一种批判的眼光去审视社会与公共政策。李琦老师经常寥寥数语给我们提出一个问题，当我们在课堂上激烈讨论，争辩得面红耳赤的时候，他却走到最后一排微笑地看着我们争论。

说到这宪法课，我就更该感谢春莺和她的同学们了。“春莺们”来随我修习宪法学之前，我已为1991～1999诸年级的本科生讲授宪法学。在近十年的教学的基础上，我想另辟蹊径，在2000级的宪法学课堂上革命性地变换教学方式。在我新的教学方式中，我不是少讲，而是几乎不讲。每周我就事先指定的教科书中的章节，要同学们提出问题，或是说出自己感到疑惑的，或是说出自己不同意的。对这些问题，我也并不全部回答，很多时候是将一个同学提出的问题作为我向其他同学提出的问题，询问哪位同学愿意试着回答，并由此展开讨论。现在想来，我这几年所着力主张的同学们在我的课堂上“教会自己，教会同学”的教学准则，便是最早包含在我给2000级本科生的宪法学课程中的，但是当时并没有这么意识到。我当时是坚定地要如此这般尝试一下将发现式学习着落在“对教科书提问”

的方式中,内心里也还是有些忐忑,总担心有不妥之处。令我释怀的是,同学们还是表示能够接受这样的方式,虽然并不是很适应。我总觉得我欠了他们一些,欠了向他们系统性地教授一门知识。后来我特意担任他们的《中国法律史》的教习,“补”给他们一门课。到了这个班的同学进入高年级,更有不少同学和我说到,一年级时在宪法课上被逼得去提出问题所受到的启发和得到的思维锻炼是非常有益的。我猜想,二年级时春莺执着地要“赖”在课程形式与课程目标都更具有原创性的《阅读·理解·表达》课上,该是和她一年级的学习经历有关的。

我在我的讲台上尽情挥洒我的个性,按着我对教学的理解天马行空、无所拘束,除了我的老师为我预备的底色,也实在是“春莺们”把我“惯”出来的。

借着这篇文字,感谢我所有的学生,铺垫了我流光溢彩的教书生涯中不可少的一抹,构成我生命的底色之一,纯粹、富有光泽。

生日，那些有学生的日子

壬辰龙年九月二十九日，2012 年 11 月 12 日，周一。这个晚上，我给厦门大学法学院 2012 级法律硕士专业研究生讲授《宪法》课。如果按照西元纪年，这一天是我的生日。因为有课，一般所谓的“庆生”就免去了。我恰也是个对特定的时间节点比较淡然甚至常常生出排斥之心的人，更乐意时间的无缝性，不喜欢人为刻意地来切断时间之轴。何况，这授业、解惑本就是我的生命形态，于生日课徒，岂不正是最合适的“庆生”？

一年前的这一天，我也是和我的学生们在一起的。只是，空间并非校园，场所不是教室。

厦门大学法律系 1987 级的本科学生入学时，我受命为其中的一班班主任。那时我毕业担任助教三年，二十三岁，比这些做我学生的年轻人大不了多少。我常常没觉得他们是我的学生，而像是我的弟弟、妹妹。教书生涯的头几年里，面对学生，我不时有这样的身份错觉。一直到给 1991 级的本科生教授宪法学，我才有“代”的感觉，不再当学生们是弟弟、妹妹，总算没把身份给乱了。1987 级的这些“学弟学妹”们作为新生报到之前，我翻阅他们的学籍档案，居然能将他们每个人的姓名、生源地都记住了。报到时，我问了一个学生的名字，便说得出他从哪儿来；或问他从哪儿来，便说得出他的名字。这引来不少同学极大诧异。想来那时生活和工作都极为简单，可以非常专注地阅读他们的学籍档案，尚未谋面的学生们就已经符号化地成了我的“内存”了。这几年，我日益强调师生之间、课室之内学生的“存在感”。大概，1987 年时，我是下意识地照这个方向去做的。不无遗憾的是，我只做了他们两年的班主任。1989～1991 年，他们是三、四年级。我因故不能担任班主任。但是，少了这两年，一点也不影响我和他们之间的师生情谊。

这一份师生情谊，或者说我作为学长和他们这些学弟、学妹们的情谊，浓浓地体现在他们毕业二十周年的同学会上。2011 年 11 月 11 日，我和他们一起，来到省城福州北向的山间盆地贵安，就着此地的温泉度假村纪念他们毕业二十周年。12 日晚上算是整个活动的最重要部分。我正是在他们的热烈气氛的感染下，才意识到，所谓同学会，最紧要的含义是“打回原形”。每个人在同学环绕的这一刻、这一处，剥去毕业后人生之中的添附，返回同窗问学的少年时光，单纯、青涩、朝气、激扬。人生若少了这样的生命“回放”，岂不可惜？我兴之所至，在舞台上踱步吟诵《毕业颂》，为他们助兴。我兴之所至，和闻军说，你现在已经没有了当初的江湖气了，身上带着谦和、平静。闻军却说我眼睛很贼。他和其他的同学不同。二年级刚开始，他就退学了。之后我再也没有见过他。学虽然退了，这个班还当他是与每个同学无异的一员,他自己也总是把自己当厦门大学的校友。我非常感谢他这样,也由此为我的大学自豪。一所大学,也为一个退学的学生恭奉为自己的母校,这不是一份别致的荣耀吗?

我兴之所至,再告诉我的学弟学妹们,在他们浓郁的同学情谊中,我的生日适逢其会。我用少有的深情和他们说,在这之前,我生命中有一半的时间是有他们参与和见证的,我邀请并期待他们继续参与我生命的下一个二十四年,乃至更长久。同学会的组织者很快就让人从榕城中送来了生日蛋糕。这个晚上,于他们,有一份意外的共享;于我,天作般的巧合。这一处山间盆地,原是我大学四年往返故乡和学堂的必经之地,印象极深。何曾料到,到了我以师长的身份参与同学会,居然就将生命中的一次生日安在了这儿。这个晚上,山峦环伺的物理空间里,刻下的是我的学生们因毕业而来的生命的时间刻度,刻下的是我因生日而来的生命的时间刻度。这两个时间刻度,在一个物理空间里重合了。

这几年,我自己不时忆起也常常和人说起,某一个晚上的五老峰下芙蓉园一间很普通的教室里的情景。秋冬之时,我给2007级法律硕士研究生上《法律谈判》。按照课程安排,我上半学期多,余下的课程是我约请两位做律师的学生从司法实务的角度讲授《法律谈判》。那天是由我承担的最后一周的教学。我在离开讲台下课前,和同学们道别,以略显戏剧性的口吻说,这是他们一生最后一次上我的课,也是我一生最后一次给他们上课。有的同学看来是被我这夸张的口吻逗乐了,有的同学则像是生出了点伤感。几乎是我在讲台上的最后一刻,班长从座位上站起来,问我,“老师我可以说几句吗”?这自然是可以的。他来到讲台上,代表同学们向老师表示感谢,言辞已是让我感动。他还说了我很意外的话。这个学期是他们的研究生二年级。一年前,我教授他们的宪法学。记得有一天课上我关联性地讲到孙中山关于宪法和民主的主张,顺着就说这一天正好是孙中山的生日,11 月 12 日,然后又多说了一句话,“也是我的生日”。班长和同学们说,一年前老师说到他的生日是 11 月 12 日,今天是老师给我们上课的最后一次,也正是老师的生日。然后,他请全班同学一起起立,齐唱生日歌,为他们的老师祝贺生日。随即,教室里回荡着“祝你生日快乐”的旋律,柔美、温情。我无数次肃立讲台面对学生,或旁征博引,或谆谆教诲,或静心倾听,只有这一次,是全身心沉浸在同学们的生日祝福中。我在讲台上竟有点手足无措,除了频频向同学们鞠躬致谢,我再无别的可以表达的。这一份荣耀来得太突然,这一份荣耀来得沉甸甸。

上天怎么会用这样的巧合来厚待我?前后一年,不同的课程,同一个班级的学生,同是在生日的这一天上课,却又恰巧是我“收官”的一课。感谢厦门大学法学院 2007 级法律硕士研究生们,给了我一份极别致的生日礼物,给了我一份为人师者最珍贵的回馈,给了一份我一生永不会忘却的感动和记忆。

到了西元纪年为 2012 年时,我换了主意按中国的历法作我的生日,壬辰龙年十月初九。等真到了这一天,又心思这本命年的生日,又何妨让它静悄悄地滑了过去呢?自己心里明白得生命就此跨入了第四十八个年头即可,不必特意弄些动静出来的。可是,午间母亲打来电话,专门提醒我这四十八岁的生日,怕我忘了。她还告诉我出生的时辰,记得这是母亲第一次这么和我说。我这下不敢怠慢了我的本命年的生日,怕连带着把母亲、父亲都给怠慢了。这生命的诞生,又何止是某个婴孩的事?和母亲说完话,我闪出个念头,把这生日过得更契合生命的本真吧。寻一处僻静的地方,在我从娘胎出来的那个时段里,独自静默着,放下所有的喧嚣、嘈杂、追求、意义,看是否可以尽量接近于"赤条条而来"的情形。静默中,脑子里就跳出了一串意念,遂拿起手机,写了短信发给一众友人:

> 四十八年前的这一刻,一个女人成为蔡妈,身具自我牺牲情怀,一个男人当了李爸,一生演绎他生命的硬朗坚挺。他们留给自己一个略有孝心的儿子,为这个世界造就了一个称职的教师的初胚,为这个时代奠定了一个独立的读书人的根基。这一刻,这个孩子,开窗面海静默,遥拜父母故土。感谢生命中所有的人,助力于父母的养育而助成这个孩子的这一刻。他叫李琦,生于龙年十月初九。于此壬辰年,适逢小雪。祝福大家,安康,欢愉。

这一条极富仪式化的生日短信,一并发给了我的学生们,不光是因为他们也参与和见证了我的生命,也是我暗含了教导他们的心思,让他们由此知晓"生日"不独是自己的喜庆与欢愉，更该由此将生命与生身父母相关联。有些同学回复的短信，带给我欣慰，也添了我的感动。

李蕉是诉讼法学专业的二年级硕士生。研一时她修习学位课《法哲学》。这个秀美的南昌女孩是用心在应和的，仿佛是她看着我思想和写下我的生日短信：

> 收到老师短信，恍然觉知今天小雪。厦门的天气让人忘了秋冬已然交替，但老师的祝福，淡淡的、暖暖的，感恩、祝福……小雪的日子也处处有热度……我在想，老师在编辑这条短信时是怎样的一种心境，静静地，却又思绪万千？无论是怎样的，我感受到了一股淡淡的气息，缓缓的，说不上是什么味道。祝愿老师一切安好。

随后，李蕉补了一段很有意涵的话。我一直是很希望我的学生们能这么理解生活、看待自己的：

> 老师的话让人突然觉得很安静，却又涌动。或许是我们每天在这个有点浮华、浮躁的空间里忙忙碌碌着，时间长了，可能就会忘了一些最初的东西。或许有时候我们需要让躁动的自己安静下来，有所思。不一定要得出什么答案，只要回到那个点。一路走来，有些重负是自己盲目加上的，最后只会让自己疲惫不堪；有些重负是幸福的因而我们需要感恩……因释重

而安然,因负重而温暖。

一派浓郁的学生气息的婉莹是宪法学专业研一的学生,正在随我修习学位课《法哲学》。聪颖的她知道她的老师在课堂里和短信中的心意,我很高兴她用最后的三个词来理解我对他们的期望:

> 感谢蔡妈和李爸,辛苦地孕育并养育了一个有着健全的人格、高贵的灵魂的儿子,让我们得以在今日受教于一个纯粹的读书人,一个真正的教师。感谢老师,在专业之余教导我们感恩、恭谨、自制。

四年级的本科生李逸斯,课上喝了我一个学期的茶,由此得以"唇吻南中国的山山水水",更说了一个学期给我听。他的回复和《与学生书》有关,也和我在《阅读·理解·表达》课中提示的话语有关:

> 于茶趣中得识李师,从春叶秋叶菩提叶里理解李师。"逸仙生日正好生日,三民主义也曾景仰,了然于胸娓娓相言;夫子自道勉强自道,有教无类殚竭思齐,勤恳履践兢兢以业",四十八字非李师趋炎附势于前人,而是李师之所求、所行也!亦督促学生勤勉治学,保持一份"贵族气质,平民意识"。

我很高兴逸斯识得我的短信含有“督促学生”的用意。三年级的本科生李琳虹是李逸斯的学妹,正在以“喝着茶说给老师听”的方式修课。她说:

收到琪悦转发的您的短信,心中感动万分。感谢您对于独立读书人的坚持,感谢您让我们接触如此温情的课堂与温暖的老师。但愿多年以后我也能像您一样坚持自己的内心。

和琳虹一起上课的王瑞,才情尽显于她的回复中:

方才读罢您的短信,暖意融融。寥寥数语回首过往的年岁,感恩之心有之,力行师道的信念有之,对弟子的谆谆教诲有之。情真意切。相信您的父母看了这一段话,也必定会心生欣慰与自豪。借了今儿生日节日节气的机缘巧合,想道一句:感谢老师一直以来的教诲与包容。吾辈定当感念在心,走好接下来的岁月。

陈剑玲从法学院本科毕业有十年了。她的回复,道出了意外的巧合:

傍晚看到一句话,生命的价值在于对别人的生命产生的影响。前几天在接受一本小杂志采访时,我才谈起了您,我非常敬重的李琦老师。十一年前,您的讲座《作为叙述的演讲》激励了我用蹩脚的普通话演讲了《我们漂泊的启示》,意外获得了全校一等奖。八年前,是老师您帮助我重回校园学习。是老师您教会我突破自己,改变人生,我才逐渐积累走出现在的路。

马得原和王瑞瑜是一对非常优秀的年轻人,他们本科二年级时一起出现在我的《辩论与演讲》课上,在上课中恋爱,毕业后双双去美国留学,学成回国并不久:

得原瑞瑜在京遥祝李师生日快乐。也同样感谢蔡妈和李爸,他们或许不知道,他们的儿子是如何深深地影响和教育着两个年轻人,让他们受益一生。

张静是我指导的硕士生,毕业四年了,已是一个不到一岁的小男孩的妈妈。她告诉我,中国历法中的小雪,恰逢西元的感恩节。不过她说得有些夸大了:

感恩节被恩师的短信深深感动了,自觉惭愧,凡事的忙碌竟忘了向自己的父母道声谢谢。在此,小徒也感谢师傅七年前的再造之恩。能作为您的学生,于学问于做人都让我终身受益,没有师傅也没有我的今天。

与闫云峰君相识已有三四年了。两年前他进入厦门大学法学院做博士后研究，去年前来旁听我给硕士生上的《法哲学》，听了我的一些讲座，我们相互间对学术、对当代中国、对人类文化有很多交流。这个一心向学、谦和斯文的晚辈同行，总是很恭敬地对我执弟子礼，我只敢以年长自居，不敢托大为师。他以君子之交而言：

> 不是导师，胜似导师；没有名分，但有缘分。您是我生命中的奇遇，我珍惜这段师生情谊。

四十八年前，母亲一定没有想到，她和父亲用自己的生命带到这个世界来的这个孩子，后来会怎样。这不必想。壬辰龙年小雪的午间，母亲也一定没有想到，她的一通电话，带出了一串怎样的师生唱和与情谊，添了薪火相传、助响弦歌不辍。这也不必想。

这一切，当作天意好了。我且尽人力以适天意。

贺联·园合与志希新婚

壬辰龙年冬，西元2012年年底的午间，手机里来了条短信。陌生的号码，熟悉的园合。这是半年前园合毕业后第一次收到她的短信。

园合的短信写的是："亲爱的李老师，我是园合。我和志希这个月30日下午四点将在厦门竹树堂结婚，与您分享这个快乐的消息。如果您到时有空，我们诚挚欢迎您来观礼"。这确实是意外的好消息。略略想了想，我有了主意，准备给他们一份意外而独特的贺礼。

这一对新人，在厦门大学法学院同学了七年，半年前携手硕士毕业。我先认识的园合。到她三年级时，她是《阅读·理解·表达》课程的一员。在二年级的第三学期，我请园合与另几位同学，各自向我推荐修习《阅读·理解·表达》的名单。园合做得一如既往地认真、严谨和坦率。我根据这几份名单，挑选了有限的十来位学生，上这么一门"说给老师听的课"。志希便是从这几份名单中选了来"说给我听"的。志希和园合成为同学,不光在之前,更在这个人数很少而相互交流很充分的小班。也不知道是否我的课程有点“催化”作用,学期还没有结束,他们就从同学进而成为恋人了。冬天里园合发了邮件,告诉我这一点。类似的情形,我做老师的倒是常常遇到。冷不丁就见到两个年轻人好上了。这一次,园合与志希,再一次演绎了青春与浪漫。

这两个年轻人,比起同龄人来,尤显质朴、好学,能够敏察、细思,他们有自己对生活的理解和追求,执着以待。聪颖、勤勉的他们,本科毕业时双双继续学业,攻读法理学的硕士学位。这情景像是他们在这所大学里“从初中部升到高中部”。有趣的是,这一对小情侣的硕士生导师,正是一对年轻夫妻。我的同事周君与黄君,同在师门攻读法理学博士学位,毕业了前后脚来到这“海中间的大学”任教。园合与志希是他们俩登临杏坛的开门弟子。如今这一对小情侣也步了老师的“爱情轨迹”,进入婚姻殿堂。这般的情趣与巧妙。

这两个年轻人,在演绎生命的理想与抱负中,决定以他们合适的方式献身于神圣世界。在我看来,这也是他们严肃、认真、恭敬、洞达的自我对待。在他们的同龄人中,这是极难得的了。我很愿意看到他们对人生的独特选择。硕士毕业前,收到园合的邮件。她告诉我,她和志希将去香港一段时间,修习神学的学位。以后,他们会投身于公益与慈善事业。我很欣慰,这样富有奉献甚至牺牲情怀的年轻人,我曾经有机会作为他们的老师,参与他们的思考,助成他们的成长。到了这个时候,他们不再是男生和女生,而是真正作为男人和女人相互对待以及一起面对社会。我怎么表达我的高兴,祝福他们的新身份、新生活?

拿一册半年前出版的《与学生书》作为他们新婚的贺礼,该是合适的吧。书中,我以“悲悯与传奇”阐释他们生活了七年、孕育了爱情的校园,他们身上不正契合了他们母校的这一道情怀?书中的一些文字,特别记述了一门他们共同的课程,《阅读·理解·表达》,也许是他们闲适之时愿意一起回忆、咀嚼的?该没有比这更合适的贺礼了,该没有比这更别致的贺礼了。还得写上几个字,才是妥当的。可写什么呢?

那晚,艺术学院有新年音乐会。这是一场中西合璧又有浓郁的中国风情的新年音乐会。起始以活泼、曼妙的一曲女声合唱“茉莉花”,最后以典雅、悠长的大合唱《厦门大学校歌》终曲。曲目转承之中,我慢慢地想出了一副对子,准备写在一册《与学生书》上,祝贺我的学生新婚:

园合有志兮生命新希冀,仁爱为王;
志希入园矣两情更合璧,眷侣在林。

上联和下联都嵌入了园合与志希各自的名字。上联“园合有志兮”,更暗指园合成为虔诚的信徒,立志于神圣世界,由信仰而为生命开新曲。园合的生命,任何人的生命,必因信仰而“仁爱无敌”,那是不完美的凡俗世界中真正可以持久、绵长而又温润的力量。“仁爱为王”,是我理解的园合与志希的生命志向。志希本姓王。下联“志希入园矣”,还暗指由婚姻所来家园般的生活,以之承载两情相悦,益发珠联璧合。他们没有像绝大多数大学毕业的中国年轻人一样,而是自觉疏离官方体制,以“民间”的方式过着“非政治”的生活。他们拒绝“庙堂”之高,宁处“江湖”之僻。“眷侣在林”,是指他们选择了林泉山野般的生活,益显其质朴与悲悯。园合本姓林。

下午就是他们在厦门竹树堂的婚礼了。现在这个时段,他们或者沉浸在欢愉中,或者不免为将要举行的典礼有些忙碌。我在面海的工作室,写着日前就构思着的这篇小文。我用这篇小文来记述我的两个学生,以此记录他们生活中的片段。在这个极特别的时代,他们以他们年轻的行止,展现了这个社会本该有而实际上少有的多元价值和生命理解。

祝福他们,仁爱为王,眷侣在林。

老者榕下漫话,童子草上欢腾。生机盎然,生生不息,此亦芙蓉学园也。

上弦月影竹叶青

厦门大学的上弦场，更准确地说，上弦场的厦门大学，最是气势恢宏，极显山海大观。

五老峰向海延伸，伸出了李厝山，像是拱卫着五老峰，又像是五老峰的一扇屏风，更像是一人面海肃立，轻举左臂，横在胸前，向波涛致意，与天宇对弈。上弦场由三样建筑构成。李厝山脊，卓立着建南楼群，1956 年兴建，已列为国家重点文物。中为建南大会堂，名出福建南安。左右各为南光楼与南安楼，再外侧分别为成智楼与成义楼。五幢楼微呈弧形，如人张开双臂，作轻揽状，既揽浩瀚汪洋，又拥莘莘学子。供书生们修习最接近夫子“六艺”中的射、御这类艺业的运动场，坐落建南楼下，恰为建南楼群半环着。运动场和建南五楼之间的山坡，顺势建成台阶，既是运动场的看台，又作运动场与楼群的通路，更将楼与场连接得天衣无缝。楼、台、场，浑然天成，相得益彰。从东端的成智楼下向西端的成义楼下看去，一级一级台阶成一道道线条，各自前行，渐渐相汇，又不相交，给人无限伸展的意象。

这么一处上弦场，背山前望，投树影、送花语；迎风而立，接白浪、和涛声。台阶在近地面处突出一块，几十平方米，为通常之司号台和主席台。谓其上弦台最是恰当。上弦台南向的正立面，刻“上弦场”三字。书家虞愚，为四十年代本校中文系毕业，亦系弘一法师亲炙弟子。虞愚所书，正有几分其师门风雅。另勒虞愚题联：自饶远势波千倾，渐满清晖月上弦。

这晚九点，我步入上弦台时，正轻轻落下几道细雨，心想果真天不作美。所幸，这雨去得和我的念头转得一样快。抬头，竟然厚厚的云层里已露出了一轮弯月。遂叹“天全”，天公全我月饮之举。

事出《阅读·理解·表达》结课。临近寒假，诸生以一顿晚餐，向老师致谢。地点正在李厝山上，离建南堂不远。我则有意携去“黄白之物”，令他们在一整学期的青叶浸润之后，另识雅饮之趣。“闽派黄酒”惠泽龙，出自闽东山地，也算我桑梓之产；北疆的奎屯窖，是友人见我喜爱而惠赠，家中放了数年。餐中，我依然如课堂上沏茶，示意诸生以淳厚的红茶与黄、白之酒相间饮。在轻松、适意中，酒益显其劲，劲而不烈；茶更显其清，清而不淡。我边沏茶，边说我之好酒，且最好竹叶青。这就勾得少年们向往汾水风情了。新学期不久，从父亲的藏酒里取来低度的竹叶青以便姑娘们轻饮，为男生备了坊间淘得的标明九八年瓶装的四十五度竹叶青，我也弃车安步，与诸生同饮。一应男生女生，已是“嘴刁”得很了，俱都嫌弃那低度竹叶青，而对“九八”倾心不已。一饮而再，诸生意犹未尽，乃有上弦台的故事后继。

清明刚过,我发了邮件给一众少年:

琪悦并转所有同学:

上次饮归,诸生欣欣然于竹叶青;更有佳伟成十足饮君子,求饮于上弦场;复有刘捷,讨那“九八”竹叶青留与少年再行唇吻。

依佳伟风雅,我相邀诸君,会饮上弦场。应刘捷红颜,我重开“九八”。上弦场有一司令台,我易其名为“上弦台”。最宜我们席地围坐,对饮。

时在癸巳蛇年三月初八,西元 2013 年 4 月 17 日星期三,晚九点至十一点。这是个极特别的时间,唯此日为聚饮上弦台之最佳时间。但盼天成我等美事,不以春雨添乱。

诸君,尤其女生,可备相应器物以安坐。诸君,自携酒杯以品饮。此番雅饮,不以荤素佐酒,唯纯饮。有带雅致、爽口点心者,以为助兴,不妨。

此番雅饮,狗尾续貂般,学古人风情,行个“酒令”。我那日即手回复佳伟短信,“上弦月影竹叶青”。诸君前来,必得各自出对。上弦台上,我乐闻诸君逐一对我“上弦月影竹叶青”。对得上乘,多浮一大白;对得蹩脚,陪浮一大白。呵呵,俱快哉。

这晚不独有“九八”的竹叶青,另有五十三度的汾酒。这竹叶青,本就是以汾酒为酒基,佐以栀子、砂仁、竹叶、冰糖,酿制而成，堪为山珍。这晚所饮，也不独汾水风情，另有浙南水、黔北叶。贵州的道真县，为仡佬族聚居之地。所产绿茶，青翠怡人，置之凉开水中，旋即香气馥郁，饮之胜于甘泉。我自己将这茶，另取了名字，道真冷翠。其纯然偶遇，在茶博会上。同在茶博会上，竟有卖水的，浙南楠溪江源头的水，瓶装了，便可易地而易了。与汾酒、竹叶青间饮的，即是浙南水所泡黔北叶。姑娘们带了些馅饼、海苔诸项，我还另携了闽东海域所出虾皮。那是能吃出甘甜、劲道的小东西。姑娘们尤其喜欢，吃个不剩。上弦月影，山珍、海味，正应了这一处的山海大观。

酒香茶甘中，诸生一一行着“酒令”。

琪悦就近以上弦台上方的建南堂为对：建南灯烛满堂彩。琪悦相析：

上弦与建南均为厦门大学校园内的地名，二者相依相伴，互为风景，彼此共同映衬出磅礴气势。上弦因建南而雄浑深沉，建南因上弦而博大壮阔。月影与灯烛相对。月影为自然之景，清新淡雅，宁静安详；灯烛为人文之光，明亮温暖，点亮夜色。虽然灯烛的色调比月影更加强烈，然而灯烛明媚中带着温度，以人的气息为整个画面增添祥和氛围。此外，上弦月和建南灯二者可以互对。满堂彩对竹叶青。很遗憾没有与竹叶相对的景观，然而“青”与“彩”从视觉的角度却可以给人以感染与震撼。“彩”使整联的色调加以提升，在前者恬淡的基调下使整个画面辉煌、璀璨；情感上从上联的温婉含蓄到下联的淋漓尽致，毫无保留地抒发释放出来。而从意境上，建南礼堂的石墙将屋外的温柔的月色、斑驳的竹影、乐饮的雅兴的自然美景之优雅与屋内璀璨花火、耀眼灯光、人群谈笑的人文之乐的鼎沸相隔开。无须说是屋内的喧嚣打扰了屋外的幽静，抑或屋外的清冷破坏了屋内的激情——动静结合，既能静下心赏月、品酒、静思、超脱，又能热情投入到校园生活，热情、奔放、活跃、灵动，才是厦门大学学子应有的精神风貌。

晓露也求应景，不过在意象上走得更远些，对以“普陀钟鸣菩提心”。她说：

老师所设上联侧重于视觉建构，白描式地勾勒出上弦月影下摇曳的竹叶之姿，饱满的画面感里内涵着夜晚的安静与平和。“普陀钟”对“上弦月”勉强满足词性上的要求，旨在让南普陀寺与上弦场遥相呼应，“钟鸣”对“月影”则是意图以听觉应和视觉，使其更为立体可感，夜来钟声更衬其宁静安然。“影”字可静可动，“鸣”字亦可兼动静，只可惜“鸣菩提心”失于自然，而“影竹叶青”则得于精巧。“竹叶青”亦双关，“菩提心”虽不能在词性上紧扣之，但在氛围和基调上能深化禅意，这也是学生的意旨所在。饮酒对诗，得一菩提之心，美哉！也正是奔着那份禅意，学生未在师生之“形”上多做笔墨，而是将其隐含于“菩提心”的意象之下，这样超越性的课堂境界，在这所大学，学生们恐怕找不出另外一堂课了。故而，以“菩提心”应和老师所教导的从容、淡然、沉静、安宁等大境界，亦抒学生之感恩之情。

慧东之对，乃是双关：凌云志和满江红。她道来：

上联一语多关，学生所对下联先由“满江红”之色映衬“竹叶青”，再由此引申至民族英雄岳飞的《满江红》一词。年少时初读人物传记，便折服、感叹于岳飞四次从军、大败金兀术、十三道金牌急召回京，最后屈死风波亭。一代名将出师未捷身先死，其收复国土的雄心壮志于《满江红》中展现得淋漓尽致。由此，怀古思今，十余位年轻人在李师的带领下，席地而坐，尽情抒发自己的观点。不论是否说出口，我相信二十出头的年轻人心中都有一个梦、都有一口气，遂以“凌云志”相对，取“壮志凌云”之意，并一语双关厦门大学的凌云楼。“和”，取自“应和”、“唱和”，又谐音“志同道合”，乃是感慨类似的聚会在当今大学实属不易，大家从普通的同学、朋友变成可以在精神上交流的挚友，令每个人都受益颇多。上联写景写物，下联便主要写人了。

对联与琳虹所对有相似之处，诚如李师所言是我们的缘分。恰巧琳虹选了婉约柔美的一面，学生则选择了磅礴大气的一面，也算相得益彰了。

和惠东这一回邂逅的，是琳虹的“芙蓉花韵（阴）满江红”。琳虹以她一向的温言细语道出：

出处是宋代某浣花女的《潭畔芙蓉》：芙蓉花发满江红，尽到芙蓉胜妾容；昨日妾从堤上过，如何人不看芙蓉。

看到上联的时候，觉得特别神奇。简简单单的几个字，巧妙地排在一起就描绘出了一幅令人神往的画面。顿时感觉无从下手。当看到《潭畔芙蓉》这首七绝的首句，虽然原作者笔下描述的是一位动人美丽的女子，但将词语之意稍改，很是契合，竟可使该女子添上为国为民、胸怀天下之大志。故而将“发”字改为“韵”或“阴”，以求对仗。

“芙蓉”的意象在厦门大学中极为丰富，可为地名、莘莘学子的代称，“上弦”对“芙蓉”，可矣。“月影”对“花韵”，也可。“竹叶青”既是景象描述之词也是雅酒之名，一词二象。“满江红”可为芙蓉花倒映于江上，也是词牌名，常用于抒发满腔热血，适合吾辈现今之心态。故而，在上弦场上弦月，一同举杯，思校思家思国，酒增吾等之雄心。

王瑞所对，非常精致：季春日照桃花红。

能与老师、与志同道合的同窗，在一个特殊的日子里，于上弦夜饮竹叶青，并畅聊古今与过往、畅聊我们师生都曾学于斯、受教于斯的这个园子的故事，等五年、十年、二十年之后再回忆起来，该是满满的感怀与感动吧！

如果把“上弦”理解做一个时间点“月上弦”（初八），那么现在正值季春三月；“日照”对“月影”；而且现在正是北方桃花盛开的时候，春光照耀下，漫山遍野的桃花开了、红了，别有一番景致。所以是“桃花红”对“竹叶青”。上次席间，汪澄提到酿桃花酒的事情，所以如果把“桃花红”当做美酒，它也是可以与“竹叶青”相对的。

王瑞自己没有想到的是，“季春日照桃花红”另有妙趣。日与月对，是以天对天；日照为山东地名，对月影，又是以地对天。季春为时，日照为地，桃花红为景。要是拿这做上联，倒也成趣。

刘捷则以她固有的跳脱、飘逸，借着卓文君与司马相如的故事，相对以：上弦月，饮竹叶青；白头吟，啸龙逸轩。刘捷所释：

爱情与事业，人类永恒的困惑与追求。白头吟，卓文君与司马相如，愿得一心人、白首不相离。逸，可作逸飞轩，大展宏图；可作逸于轩，独隐于世。

……瞬息心动难敌柴米琐碎，爱别离、怨憎会，由爱故生忧，由爱故生怖，人远比自己想象的更客观、更冷静、更无情。曾为之狂热的眷恋未能免俗地成了一种本自流动的情绪，一种只可仰观的幻想。台上台下，“我要和你唱一辈子戏，少一分钟，一个时辰，一天，一年都不算”，凝霜的事实轻蔑一笑：太认真的人最早谢幕；城里城外，城外的人想进去，城里的人想出来。两人对抗的，岂止是时间，岂止是距离，还有人性——善变，太善变；纠结，很纠结；伺候不来的人性，供养不完的人性。等待秒针嘀嗒完仅存的耐心，吞咽久久不能倾吐的气息，有怨，有憾，有恨，破灭的岂是对一个人的期待，而是对一票人的信任。告诉我，是不是，只要不曾拥有就不会分离，只要无情便无人可伤之。“士之耽兮，尤可说也；女之耽兮，不可说也”。妥协换来自我催眠，只愿君心似我心，至死靡它……

比起刘捷，东飞用典更深，意境也不似刘捷向内的达于心底，而是向外以至宏阔、高远。他所对下联为：舞雩风和踏莎行。

“上弦”可以指代厦门大学上弦场，这是我们饮酒笑谈的地方。“舞雩”也是地名，原本是鲁国求雨的祭坛，经由《论语·先进篇》而成为象征礼制的场所。其原文为：“暮春者，春服既成，冠者五六人，童子六七人，浴乎沂，风乎舞雩，咏而归……夫子喟然叹曰：吾与点也。”到后世，“舞雩”的意义又逐渐风雅化，如宋代李堪有诗：“舞雩台上春风起，鲁国先生讲始开。欲解陶潜印归去，心思吾道重徘徊。”于是我想，舞雩既然有地点、文化的双重内涵，或可对应“上弦”，也暗示我们一行少年跟随老师追慕先贤古风。“上弦”与“月”连在一起，点明时间，其日恰好为三月初八。“舞雩风”则表明时间为暮春，而恰好其日三天后即为谷雨时节。

“月影”对“风和”，前者为幽静的视觉境界，后者为柔畅的触觉体会。“影”与“和”也都可以作动词使用。“和”这里作“柔和地吹拂”解。“竹叶青”一语双关，既是一番竹影婆娑、珊珊可爱的景象，又是我们当晚的酒品。我也试着找出了一个双关的词：“踏莎行”。一方面为词牌名，另一方面是古代文人雅士的活动。“踏莎行”和“舞雩风”的意义是相连的，都和修禊事有关。如王羲之《兰亭集序》中，“暮春之初，会于会稽山阴之兰亭，修禊事也。”修禊和舞雩一样，都是殷周以来的遗风。在修禊的场合，文人曲水流觞，饮酒赋诗，暗合我们于上弦场上饮酒作对。皆雅事也。

学生的下联，试图把我们于上弦台上饮酒作对的场景，和中华传统相连，暗含我们思慕文化源流、传承优雅古风之意。但学生似乎用典过多，反而失了些意境的古朴。

这番饮酒会后，我内心十分感激。如今竟能有如

> 旧式大学般、在校园里与先生同饮的际遇。想必以中国之大,也未必能有几个大学生有如此的缘分。

我那日即手而写“上弦月影竹叶青”,自己却实在无力对得比“坐前”诸生更工整、贴切、典雅。他们各个行过“酒令”,我也把我所对道出:鹭岛浪涌少年行。“浪涌少年”,是因为少年行步海滩。以少年行步海滩,隐少年之拾贝;以少年拾贝,喻其博采文明成果。后来,另成一对,恰与琳虹的“芙蓉花”巧合:芙蓉花语书生静。校园中本有不少木芙蓉,“芙蓉花”可实指;芙蓉园可代称厦门大学,“芙蓉花”则又虚指芙蓉园四季繁花。芙蓉(园)对上弦(场),芙蓉花对上弦月,芙蓉—花语对上弦—月影。书生当此年少之时,本是最动的。阳光、朝气,身动;青春、浪漫,心动。可生命中的灵动与激情,却须得以定与静为根基。书生之静,也在静读、静思。

三十年前的这个时候,我和他们一样,是大学三年级的学生。和他们不一样的是,我的老师当时如果这么考我,我定然是要白卷了。这一方面,我不如我的学生们,正是我该欣慰的。最盼,由此折射华夏传统之接续与不息。

我是特意挑了初八这个上弦月,来此上弦台的。这一日,却又恰与另一时间巧合。真是有趣得很。

三十年前的四月十七日,于我这个大三的学生,却几乎是个根本性的时间节点。那一天,“厦门大学学生演讲研究会”成立。我的一生由之所发生的变化,大抵远过于专业。若非我带点莫名其妙地加入了这个学生社团,并在这一天战战兢兢地走上讲台开启这特定的言说方式，我后来大概不会由老师选任教职；纵然教了书，也不会像现在这般上课近于天马行空。品茶问道、把酒欢言的这一通场景，却像是三十年前的这一天预定了前缘。

自饶远势波千倾，渐满清晖月上弦。

厦门大学校徽，带有『新文化运动』的明显痕迹，也如她的建筑般中西合璧。中间的一段不短时间里，整个学校都几乎忘了始于建校时的这个校徽。据说是某个老师赴哥伦比亚大学做访问学者时，在其中文图书馆里偶遇的。这才续上了这份学统。

第四折

我自省思

与向师偶遇，领何师训谕

海报栏上贴着两张我的讲座的海报。北边的一张，是相隔一天的两场讲座，分别为《辩论赛中的证明与反驳》和《校园辩论与精英教育》，时在癸巳蛇年临近清明，西元2013年3月30日和4月1日。这两场讲座，严格说是上课。一向，《辩论与演讲》这门全校性选修课，却是封闭性的。只有十五六个学生，来自各个院系，课程的修习过程除了可以旁听，并不向其他同学开放；修课资格又是以三四道程序，从有兴趣的同学中甄选的，并不由同学们自由选课。为略救课程封闭之弊，遂不时以讲座的形式，开放性授课。这一端，也另有考虑。《辩论与演讲》自开设以来，都是“听学生说”的。以讲座来授课，是“说给学生听”。那天忆起，这样的公开课，最后一次，竟然已是四年前的事了。心中有些不安，便安排了旧话重提。

南边的海报，是题为《辩论与读书》的讲座，时间在3月31日。管理学院职司学生工作的年轻同事打来电话，说是管院正在筹划举办辩论赛，商请我在辩论赛的开幕式上做主题演讲。

我不便坚辞，就顺了管院的预定时间，把原定的《校园辩论与精英教育》延了一天；至于讲题，我当时是再不愿另讲和辩论有关的了。这位年轻的同事发来邮件，以“大学与人生”一题相商，我以此题已作为文字版辑入《与学生书》为由，不愿再出口传版。我另定了“辩论与读书”为题，针对缺乏思考的言说这一辩论赛中普遍的现象，力图有所矫枉。后来，又觉得《与学生书》卷三也已专门谈论读书，讲座上何妨少说？左思右想，添了一词，将讲题改为《辩论 · 生活 · 读书》，由“辨”谈“辩”，再延及读书。这是累积我二十年涉足校园辩论，终于因缘际会地悟出了“因辨成辩，无辨不辩，不辩之辨”。

30日午间，走在通向白城海滩的干道上，见到了路边海报栏上的这两张海报。目光从北边的海报移向南边的海报时，一张大小只有海报的四分之一的讣告进入视线，大大触动了我。哲学系的向刘骏副教授去世，家人料理完后事，以此极简约的讣告，周知一应亲友。向师是我业师。大一，修习《形式逻辑》，向师所授。这课我不太学得来，期末考试时觉得考题极难，却也能及格，很不明所以。又无端添了些自信，以为这么难的考试我没被难住。到我自己出题目考学生时，我总也是往难里出，目的在于以难题砥砺学子智识。改卷时，又总是全班统一加若干分，让学生们暗自以为老师的难题难不住自己。也不知道这算得向师无意垂范，我懵懂学样？这《形式逻辑》的课虽然不爱学，对向师确是印象极深。一来，她是边吸烟便讲课的，犹如只知有她那个叫“哲学”或“逻辑”的世界，其余全然不觉。这让我一直将“女哲学家”的形象设定成类似的样子。二来，在几乎百废待兴的1980年,这门课程是有教科书的,向师就是我们所使用的教科书的五六位作者之一。这让我们觉得她是有来头、有分量的。课程结束后,记忆中就没再见过向师了。三十多年过去了。待我再于校园里与向师相遇,空间上竟是这么特别,墙上;媒介上竟是这么有深意,向师的讣告和我的海报。我连续三个晚上的讲座,所谈都是辩论,这是离不开逻辑和读书的口语方式。而向师所授,正是形式逻辑。那一刻,我在向师讣告前静默着。按讣告,我已无法去与向师道别了。

所谓大学,自当弦歌不辍、薪火相传。我与向师,这般的三十年后相遇,且当薪火相传的一种别样形态好了。想来,各式各样的薪火相传的形态中,再不会于别处也出现我和向师间的这一样形态吧?我当年课学得不好,该有愧于向师,纵然她老人家不介意。我现在要求我的学生,哪怕是在游戏般的校园辩论中,也必须“基于真实的论据合逻辑地论证与反驳”,这可以略告慰于向师了。然而,这一刻,在向师面前,我的不安、羞愧渐渐地添着。

头天晚上,与何师通了电话,七点来钟离开办公室,遵嘱送去两册《与学生书》。老师说要“送给两个肯读书的老友”。我在两册书上写下“敬呈于何师永龄老先生”,递给老师,然后在老师边上坐下。一个多小时里,我听着老师说,偶尔接上一两句话。这情景,十足是三十年前我还是学生时的样子。老师的声音依然清晰、有力,老师的思路依然敏捷、开阔。老师也依然说着他做学生时候的事情。很奇怪的是,他从来没有说重复过,所以每次我都有新故事听。岂不是老师像备好了课,一章一节有条不紊地讲了下来。我像是越来越喜欢听老师这样给我上课了。他当年顾不上,我那时太年少。三十年后,我们师生一起来补课好了。我希望,这一补,不独续师生情谊,也成为这个时代接续自己的文化传统与精神血脉的一个音符、一根柴火。

老师说,他做学生的时候,学校里的讲座,可不是官方的,都是学生们自发组织的。对哪个领域有兴趣了,想讨论哪个话题了,学生们便径直找到相关的老师,讲座就这么办起来了。这套路,我做学生的时候还是有的。可是,如今几乎全绝了。一应讲座都是官方或准官方的。老师更说,那个时候,他们见到萨校长,都不称校长的,只尊一声"萨先生"。对其他的老师,教务长、院长、系主任、教授等,也都是一声"先生"。老师言辞中对现在的教授们唯恐头衔不多、唯恐头衔不能唬人极为不屑,以之为这个时代失了平等精神的乱象。我有如大梦初醒,意识到,"教授"不过是向校方要薪水时候的一个凭据罢了,对着学生,何来"教授"?不就是一个"教书先生"嘛。亏得我有时带点自得地和学生们说,"你们不是听教授说,而是说给教授听"。老师又说,那个时候,请到了哪个老师做讲座,海报上一律写的是"某某某先生",绝不会写"某某某教授",更不会把其他无关的官衔、头衔列在海报上。老师并不知道,他这个学生的海报,此时正贴了在墙上,他只是极自然地和他的学生说着话。这学生,却遭了当头棒喝。

因我之故,这两张海报上,我的名字之后不仅写着"厦门大学教授",而且缀以"中华名辩盟监事长"。其中一张海报,好意的学生还加上了“知名”二字，成了“厦门大学知名教授”。管理学院的那张海报，虽然没有“知名”，却用红色字体写着醒目的“震撼开讲”以吸引眼球。我竟然也沾了老师极鄙夷的做派，至少是涉嫌“拿头衔唬人”。向师当前，我这学生，居然如炫耀身份般。质朴、淡泊的何师，像是不卜而知般训谕于我，却又完全不着痕迹。他只是说些故事而已。他怎么不早点和我说这样的故事？可是老师早说了，我一定明白得了？所幸老师说了，在我能够明白的年龄里说了。

次日的《辩论赛中的证明与反驳》上，我和学生们说起了我与向师的偶遇、以偶遇而示出的薪火相传。我更是因领了何师以静水流深的话语对我的训谕，把我所遭何师当头棒喝，一一道于我的学生。我说这些于我的学生的地点，在群贤二号楼的102 教室。我当年的许多课，就是在这儿上的。

这一课，已不是我给学生们上的了，实是向师与何师给学生们上的了。向师享年八十有二，何师以九十有二而康健、硬朗。

谁检阅教授

长时间里,大约是每两年举办一次厦门大学教工运动会。大概不会是厦门大学独有,更不会是厦门大学独创。稍微有点规模和稍微"讲点政治"的中国大学,都不免于此举。可以想象一下这样的活动能带来一些明显的好处。大而言之,是"增强人民体质"的一部分;小而言之,是可以增进同事之间的团队认同与合作。若只是这样,便无此番专门为文之必要了。教工运动会中有一道极富仪式性的环节,其仪式性又很具有象征性。此中,恰可品识出很重要的含义来。运动会有开幕式,开幕式有各学院运动队入场式。入场式中,各学院的"运动员"在主席台前列队行进。经过主席台时,"运动员"们是要喊起口号、注目主席台的。我以前也曾滥竽充数于这个队列中,这么注目过,也在注目主席台时承受过从台上落下的目光。

这个特意设定的环节,便仪式性地将运动员置于受检阅的位置,从而也就凸显了"台上"与"台下"的地位与角色分别。中国人对这样的场景与仪式并不陌生,包括这样的场景与仪式出现在大学中。然而,当这些“运动员”是教授们(广义而言,包括职称上不是教授或尚未成为教授的教师)所客串的时候,这个熟视无睹的场景,看来是和“体育—运动”无关了,而是和另外的一些东西存在着微妙的关联。此时此景中,检阅“运动员”实际上成了检阅教授。这就引出了一些有趣的也是非常重要的话题。谁来检阅教授?怎样检阅教授?教授该受检阅吗?检阅教授中含了规训教育—学术的逻辑?

一所大学的教工运动会中不经意地呈现出来的“检阅教授”的逻辑,其实是更大背景的检阅教授的一部分,是这一背景的场景化的折射。课题、评奖是对教授的个人式检阅。这一类的个人式检阅,名目多样。精品课程、名师评选、人才计划等,不一而足。把这些说成是古时“开科取士”的当代版,倒也合适。而科举制度也恰恰是以皇权为最高的评判者,以权力意志为最终的评判标准。当教授们不假思索、不加抗拒地接受这些个人式检阅时,便合成了对教授的集体性检阅。一个不肯这么接受检阅的教授,他就注定是在既有的教育—学术格局中身处边缘化状态。内中所含,已不是个人的学术地位轻重和社会认可与否的问题,恰恰是教授们的群体性生命形态如何的问题。另有对教授的集体性检阅。动辄对大学的各式考评,究其实质是对大学的检阅,那么也就是对组成大学的教授的检阅了。大学里,教授们列队行进在主席台前,是戏剧式的对教授的集体性检阅。这一检阅的另一面,大概是关联着检阅者(校长们、书记们)的行政级别和受阅者的行政级别的。否则怎么检阅得成?

今日,有的大学得了“厚赐”,直奔“世界一流大学”而去,大把地花着公共资财;有的大学,委屈了些,目标只能是“高水平的、国际上有较大影响的大学”。至于民间办学,似乎制度空间是非常小的。这些都和权力因素密切关联。于是不独公共服务企业在垄断状态,高等教育也变成了行政性垄断行业。遥想孔仲尼成就“万世师表”,乃在其开启“学在民间”的传统。今日的检阅教授,恰是绝了这“万世师表”所开学风与学统,回归了“学在官府”的逻辑。权力对于教育—学术的规训,在检阅教授的逻辑与场景中淋漓尽致以现。

孔夫子当年倒也是接受世俗世界的检阅的,结果却得了丧家犬般的境遇。这可以说明世俗的检阅,若是落在超越性的精神活动上,不免错位,甚至大大错位。当然也大有不同。孔夫子当年周游列国,算是他自己怀抱文化理想,知其不可而为之。几乎不是世俗权力主动来检阅他的。当然可能是因为那个乱世,世俗权力完全顾不上来检阅这个教书先生。倒是有相反的情景,教书先生检阅世俗权力。孟子见梁惠王,一通严词重责,算是一则;荀子破了“儒者不入秦”的例,去那时称“虎狼之国”的,大加品评一番,也算一则。后来就不一样了。由孔府而孔庙,由丧家犬而“大成至圣先师”,尊孔之下,岂非依然是对这“万世师表”的检阅?另一种方式的检阅而已。

教授既不必由权力检阅,也不得由权力检阅,改由学生来检阅教授,可乎?两说。常理上说,每到考试,是教授“检阅学生”。那么,在宏观的和抽象的方面,教授是否称职、于学生是否恭敬,纵然不由“领导”品评,学生总该有这权利吧?在微观的和具体的方面,教学是否得当,更该有学生说话的必要吧?

这样说自然是对的。不过，我也还是有所怀疑，由学生来给教授们打分、评断，是否含了“可消费的教育”这一逻辑在内？学生们因着成为了教育—教授的“消费者”，他们便获得了这样的权利，从而在全球范围的高等教育的某些环节上充当了“检阅教授”的角色？一旦剔除了“可消费的教育”这一逻辑，是否也就不必再行由学生检阅教授之举了？在今日中国的大学里，学生“测评”教授之举，并不少见。几年前我曾很陶醉于学生们给了我“测评”中的最高分。眼下，我很怀疑，这“测评”，不过是“邯郸学步”的现代版，是“食洋不化”的高教版。因为几乎不检测学生测评教授的逻辑前提，“可消费的高等教育”。当知识和教育被工具性地消费的时候，师道已微、已危。

在教授—学生之间，为人师者对于学生无尽的尊重乃至恭敬，都是应该的。这恰是师道之所在。但是，也正是出于对师道的理解，由学生检阅教授却是断不必行、万不可行的。

师生之间，常常便是两代人之间，甚至在生活世界越来越虚拟化的文明模式中成了“几代人”之间。如此，“代沟”就越显其深。代沟固然困扰着“沟这边的”和“沟那边的”，不过，也大可从容对待代沟。没有代沟，文明就不会演进；只有代沟，文明则无法传承。大抵，文明就在制造代沟与跨越代沟的轮替中演绎的。在以代沟将两代人相区分之后，往往认为年轻一代代表了生活的未来。这样的判断，却有甄别的必要了。代沟的存在，未必只出于时间维度上过去与未来的区别甚至对峙。代沟的存在，也注定要出于两代人之间视野上的差异。年轻的一代，还来不及看得宽一些、看得远一点，还没有眼力更没有心力看出一己人生中、人类文明里动中不变的那部分;教授们所在的这一代,自该看得宽、看得远,自该累积了心力看出动中之静、权中有经。他们在课堂上,尽一己之责,将这些一般的、一贯的生活之理言说于学生。年轻人听来不明白、有抵触,很正常。负责任的老师,是教授给学生教室之外、未来人生所赖以立身处世的准则。学生们于此时往往要认为老师所授,无用、无益。这个时候,如何指望师生之间的心意相通?此所以代沟。这个时候,若纯由学生来判断老师的教习,也算可靠、稳妥?

或问,学生年少,不识师者所授,心中生出疑虑,以为老师之教习于一己人生并无益助,不免影响了问学上的勤勉、认真,怎么办?简单。一者,师生间正常的、通畅的交流。二者,学生对老师的信任。由此信任,知道师者所授,必有一时数载不得明白的,留待日后渐渐在反复咀嚼中消化了。由此信任而来庆幸,知道老师所授,是有所预留的,预留于未来人生。

再问,教授果真不需要“检阅”?要的。不过,不是由“他者”来检阅。检阅教授者,是教授自己。这有两个层面。其一,每个教授,各以其职业自觉、以其职业尊严感自我约束、自我检阅,不待任何外在的“观看”。此一自我检阅,便是作为知识分子特质的自我批判所成之“反观性”,即自觉的自我对象化。舍此自我对象化,教授是不该也不受外力对象化的。其二,学术共同体对每个教授的检阅,其学术规范、学术水准、教师操守等,自有相应评断。这又可分了两端。一为有形的、略近于制度性的评价,例如学术共同体所做的专业评价;二为无形的、非制度性的评价,例如一般所谓“口碑”或“名教授”。然而,正视现实，却是戚戚然。今日殊少肯自我检阅的教授了。自觉地接受自外而来的检阅与不肯自我检阅，恰是一体两面的。所谓的学术共同体，也已名存实亡。学术自我纠偏机制之丧失，学术问题司法化，足证“学界”已死，唯余名利场。

识者有言，“重拾对教育的敬畏”。这是最紧要的了。这一命题中，身为教授者，身行力践，严于律己，实为关键。那些有机会“台上”检阅教授者，放下检阅的身段，也自问是否对教育存了敬畏之心、自检是否可添些敬畏教育之举，也很是要紧。

最该检阅的，便是自我检阅。检阅是否心存敬畏，对教育的敬畏，对文明的敬畏，以及相随的一己自我敬畏。舍此敬畏二字，检阅能有何益？又凭什么检阅？

“门房”有教于我

傍晚，我和之前总是开车进校门不同，步行进入西校门。

几个月来，校方鉴于把厦门大学当景区的访客过多造成困扰，实施“限客”之举。前来游览这座号称“最美丽校园”的游客，须从指定的大南校门和西校门凭身份证进入。相应地，这两个校门就分了两个通道，其一供本校师生人等进入，须出示校园卡以“验明正身”；其二是游人走的，刷法定的身份证。我偶尔步行进校，无端嫌出示校园卡添了麻烦，便径直进入，对通道口的工作人员的查验之举视而不见，总当自己是可以天经地义地堂皇入内的。

这个傍晚，我在西校门，走我该走的通道，却依然不肯出示我该出示的校园卡。当值的工作人员，按一般的习惯，是称作门卫或保安的。这两词放在大学校门口，我以为并不合适，勉强称为“门房”好了，不含身份上的贬低，仅指工作的处所和职能。“门房”看我大咧咧地“闯入”，倒也没硬拦我，只问，“你是学生吗”？我听闻，愣了一下，回过身来，带着好奇地应他，又三分像是反问,“我看着像学生吗?”还怕他不信我是“本校的”,添了一句,说明自己的“真身”,“我是法学院的教授”。他平平静静地说,“老师都很有礼貌”。我顿时愧极,哑然,疾去。

进了西校门,我顾不上多想这个普通的“门房”在语言策略上如何高明。他确实高明。他没有强行拦下我以履行职责,也没有对我的蛮横出言指责。他轻轻一语,非常婉转,非常含蓄,却尽显我的粗鲁、霸道。我这个数年来为本科生、硕士生开设《辩论与演讲》《公众表达》《法律谈判》这些课程的“法学院教授”,敏感于他此刻语言交际上的婉转、含蓄,更以我对语言交际的理解,知道他在语言策略上的婉转、含蓄的另一面,是他内心的温和、仁善。他本有资格直斥我非的。我走着,撇下语言本身,思考教养问题。

校方“限客”,实属无奈,阖校师生得便。分别通道,凭证进入,舍此并无他法。通道口立有提示牌,释明出示校园卡之举,管理措施上算是周全了。我不肯配合,是我随性,只顾自己大模大样,不肯尊重“门房”的工作。回想数年间往返漳州校区,也几乎不愿“规规矩矩”地出示登船的“车船证”。遇到工作人员“拦截”,还颇为不快。这般行径,确实没有礼貌;何止不礼貌,实在是没教养。我怎么就不知在通道口恭敬相关工作人员的工作?至少得尊重他们的工作。

我一向自以为礼貌不缺、斯文有加。这一刻,受教于“门房”,才知道,我的“教养”,不过是在教室里,在学术会议上,在看起来明显需要体面与风度的那些场合。却原来,我的“教养”,大抵只是表演,不过表象。亏得我还沾沾自喜于“为教室添上温度与温情”之说,也在教学中力行此说。这一处不隆重的场合,这几步极日常的行走,我的教养便荡然无存,我的行止毫无温情可言。“门房”之语,若只是令我“愧极”,岂够?所幸,我因愧而省,这么审了自己一回。

边走边想,走过了寓意“群贤毕至”的群贤楼,走过了企盼群贤毕至的校主的铜像,想了个清楚、明白。路边便听得几位前来游览的客人,指着盛开的花,自顾自地问,“这是什么花”。我按往常的热情,主动相告“木棉花”,并多说了几句话。这惹得一位三十岁左右的男子赞叹,“声音很洪亮,是老师吧”?不待我答,他的同伴又说了,“是教授吧”?我轻声回了声“谢谢”,不敢多言,走开。两分钟后,迎面来了两个学生,恭敬地对我说,“老师好”。我回礼,却不似往常的从容、自如。

谨以此文,敬谢那位不知名的工作人员。对他的歉意,容我不着一笔,只存心中,不时作我的警示。

西校门里，群贤楼群俨然，静谧

虚名之累，或“天降大任”

厦门大学近百年里，生死跌宕，历经考验。

只是，这一回，谁也没有想到，无关生死的一样考验，居然如此。

立校不足十载，尚在“童子”之年，经费难继，不得不转交于国民政府。校名都差点因此而改。校主为“贻累国家”愧疚难眠。文庆校长更以花甲之身二下南洋，向华人募捐，“我求你，请你帮助厦门大学，为国家培养建设人才”。这一声，恳切而不悲，自南洋传回，其余音今日可还得闻于暮鼓晨钟里？

“童子”长到十六岁，不得不走避东瀛战祸，僻居古汀州府以续弦歌，头顶日倭轰炸却勤问学，乃是战时免于颠沛流离的唯一大学。到敌酋弃枪执笔画押投降时，厦门大学又是战后复学最早的大学。能不傲视同侪？

六十年前，全方位政治动员里的“院校调整”，割走了厦门大学一个又一个的学科、专业，曾经的“加尔各答以东最完备的大学”不复往昔。如今，幸赖“天行健，君子以自强不息”之训导,这大学,重新“学科完备”。

约二十年,一应名校或拼凑,或蚕食,以“整合资源”而大识“时务”或无端受益。这海上大学,只得“顾影自怜”,奋力于学林保一席之地。这既是“止于至善”之履践,也是温文尔雅、恬淡谦冲、内敛柔和之“南方之强”之写照。

俱往矣。愿一应铺垫与洗礼、所有跌宕与传奇,沉淀出、消融于少年佼佼、师道滔滔。

殊不知,数年来,游人如织、门庭若市。学堂失了宁静,林下平添拥堵。阖校师生,弦诵于喧闹,蜗速以问学。四季繁花依旧,清朗不再;天风海涛不变,哪还畅快?只此不便,也就皮相。是不能忍,孰可忍?络绎之众,竞携好奇之心前来;步履匆匆,只以到此一游为足。其欲眼见,不过物象;若言人文,诚非心向。此地原称大学,满地却是游客。奈何,奈之何。

我寻思经月,认定雅客当迎,方合校主“群贤毕至”之旨趣;游人可阻,以守学堂安雅清宁之意象。大学固然敞开于公众,却为学堂之敞开,绝非公园之敞开。学堂之敞开,首在思想、观念,在不计数之诘问、辩难,在言论自由与价值多元,岂以门墙打开自诩“大学向公众开放”?然则,计将安出?设若,大学敞开于天下学人,授业、访学者为客,恭请;在校学生,不论东南西北、黑人白人、或幼或长,且进。

当此之时,徒儿秋雯有如棒喝于我:

光就从我们自身出发,其实是不是真的做到了“文明”,也未可知……在我看来,缓和矛盾的方法不是隔开矛盾双方，而是融合矛盾双方。如果可以做到的话，我想最好的方法就是，成立学生导游团，义务为每一个进入厦门大学的游客提供服务，在引导的过程中，除了讲述校史、引导参观之外，还与游客探讨文明游校的问题，告诉游客厦门大学不限游的原因。口口相传，厦门大学的人文情怀与大局观，自会有朝一日盖过中国最美大学的称谓。

是了。虚名之累，实乃不期而遇之大考验。可有相应的管理能力，在游客“添乱”之时也保持校园秩序、条理？耳中嘈杂、身前拥堵，可有足够的心性平静、从容面对，依然奉上一份礼貌、教养于不速之客？真说起来，今日游人蜂拥而至，不过时尚一股、潮流一阵，转瞬即如过眼云烟。管理上添点力，心思里忍一忍，何妨？若一味闭门绝游，清静可复，却是鸵鸟之举。退一步，纵然游人果真不“文明”，可否将整座学堂作一间教室，如秋雯们所想，也来个教化广施、泽披万众？我华夏几千年生息，历无数磨难、煎熬，当此世风颓废、士林溃退时，我辈今日若能勉力匡时弊、续斯文，便是于千年变局中知天命、履天职。

五老峰下，校门之前，两队长龙，玄机暗藏，为的是考较一所百年学府的心智、行止。这考较，不带硝烟，无关金元，没有威权，来自民间，却又最难，因为最不显。开海向洋中筚路蓝缕于荒郊野地的厦门大学，这一回，怎么交出答卷？

同学们，当你以青春的步履穿行于凤凰花下时，最动人的风景是你；

校友们,不论你在何方,白城海滩潮去潮起中的那朵浪花,便是你的化身;

同仁们,我们凡常劳作而肃立三尺讲台,以铺垫青年未来、将先贤学统承载,正是汇入百年、千年、万年的人文积淀中。

正是:

所谓大学,非大境界不足以言其大,唯大视野、大胸襟、大气魄乃成大境界。

囊萤楼前，雕塑家将打开的书，化为初张的翅膀。

第五折　书事

《与学生书》签售记述

题记：

《与学生书》由清华大学出版社于西元2012年出版，第一批与读者见面的书在6月27日发到南强书苑。出版社、作者、书店三方合作，在6月29日举办签售会。在作者一面，签售会并不以促销为目的，而是为乐意静读这一册小书的读者添点纪念，尤其是为正在毕业的芙蓉园学子添一点毕业纪念。

我的学生

有几位学生参与了签售前期的准备工作和签售现场的事务处理。他们是在二年级时修习《辩论与演讲》一课的，现在三年级或毕业了。在签售中暂时没有另外的读者时，他们便转身为读者，起着类似于"补白"的作用，各自买了书交我签字，续着签售的节奏。也另外来了很多早已修完这门课的、或毕业或还在继续学业的学生，为老师的书"添人气"。而刚刚修习完《辩论与演讲》这门课的2010级本科同学，他们"组团"，踏浪跨海，从南太武山下来到五老峰下，快乐地做他们老师的读者。他们原是最熟悉书中内容的，因为早有讲座上的口述。他们中几乎每个人都还要顺带为一海之隔的其他2010级或2011级的本科同学带上一两本甚至七八本《与学生书》。

另有组团来的。我为他们讲授学位课《法哲学》的法学院2011级宪法行政法专业的硕士生和诉讼法专业的硕士生，齐刷刷地在签售台前排着队，造成现场空前盛况。更大的一个“团”，有七十人。刚修完这个学期的课程已返回各自的工作机构的2011级在职法律专业硕士研究生们，派了他们的班长从邻近的漳州专程前来，要买个人手一册。这却有点为难。只因第一批到的书，量不大，我担心他们这么一“团购”，下午来的“散客”或许就无书可买了。我遂和这个班的班长商量，他们的“团购”暂且按下，现场的书优先提供给其他读者，他们要的书可以在第二批书到来后提取。我则答应提前到书店将书签好字。签售会这一天，我唯一感到歉意的，是这个“团购”不成的班级。这篇文字，也算老师向他们致歉了，虽然未必他们都看得到我的歉意。

零星地也是持续地，许多在其他课程上修过我的课或听过我的讲座的同学来了；许多只听闻芙蓉园里有这么一个老师的同学，也来了。

签售中有两位学生是最特别的，敏慧和博文。敏慧是2009级本科生，她不仅随我修习《辩论与演讲》，还喝了我一个学期的茶修习《阅读·理解·表达》。我请她为这册《与学生书》作序。以此之故，她向实习单位请了假，一整天时间里随着老师，一并签售。博文是2008级本科生,曾随我修习《辩论与演讲》。他也应邀为老师作了一篇序。他是从面海的建南大会堂参加完毕业典礼,急匆匆赶过来的。对他来说,2012年6月29日这一天便极为有意义了。他是作为毕业生和老师一并签售的。如此,巧合发生了。另有一位毕业生,以毕业季的匆匆步履行经群贤一楼,偶遇了这本写给他的书。这位同学是朝鲜族的,叫玄博文。这一下,签售台的两侧,两个叫博文的厦门大学应届毕业生在一本共同属于他们的《与学生书》上相会了。我问玄博文同学毕业去向,答曰去美国读书。这个作序的博文同学,也正是要去美国读书的。他们相约了后会。也许,这一册《与学生书》,促成了这两个聪颖、远志的年轻人未来的人生友谊? 何其乐哉!

我不免还是有些遗憾的。清华大学出版社理解、体谅我的心思,力保这本写给学生的书能够在毕业季出版,我起意在毕业季中为签售之举,本都含了以此相随少年书生快乐而高贵地毕业的心意。可是从早上九点到下午近六点的一整天里,前来相携一册《与学生书》离去的毕业生,远比我预计的少。也许,他们的毕业季步履过于匆忙了;也许,他们早已急切地跨出校门,开始他们的新生活了,不待毕业季的完整。

不过,这一整天里,我依然非常欣慰、欢畅。不光是因为并不毕业的学生们,也不光是因为陪着我签售的学生们。

天下书生

“海上花园学府”厦门大学这些年有很多来访的游人。签售时的许多读者恰是来厦门大学观光的其他大学的学生。一个来自华侨大学的三年级同学,他说他之前看过我一些关于校园辩论的文章。这一册《与学生书》的卷四“别样课室”所及正是这个方面。一个来自湖北的一所专科学校的女孩,也乐意一读这一册写给学生的书。是的,这一册小书,本就是立意写给天下少年的。

有一些同学是买了这《与学生书》送给自己在其他大学读书的同学的;有买给刚刚高考结束,即将上大学的学生的。有一个同学和我说,他要送给一个人,他高考没考好,正常的话是可以考出“本一”的成绩的,却只考了“本二”。这个同学希望这本书能够带给这个没考得足够好的高中生一些安慰,并请我相应写上一句话。我自不能有负这个同学的期望,写的是:“常常我们的生活中闭上了一扇窗,却留给我们机会去推开一道门”。

不少读者,是为一些还在上高中甚至初中的学生备下这本《与学生书》的。一个初二的小姑娘,爸爸妈妈领着来厦门大学观光,也来到了签售台前,成为《与学生书》的读者。

同行与同龄

一位中年女子递给我《与学生书》。我询问姓名和称呼,交谈中知道她来自苏州大学。可惜,当时人多,我没法与她多说几句话。作为同龄和同行,她带给我很大的欣慰。这册小书,不光是年轻的学生以为有阅读的价值,同龄和同行者也多少认为是可读的。另有一位明显比我年轻的女子,简短的交谈中得知她来自甘肃,一位中学老师。她说她很高兴看到这样一本书。

我乐意把这看作是同行的激励。

另有一些并不作为我的同行的成年人，是从各地来到厦门大学观光的游人，他们也愿意买下这本书。这一年多来录制我的所有讲座和部分课程的超星数字图书馆的工作人员，也特意来这签售现场。一位中年男子，衣着极为简朴，看起来像是个工友。他希望我写几句话，励志的。我却不敢这般托大。略略寻思，写了："愿我们共享文字带给我们的温情"。

七岁的小学生与七十多岁的老先生

签售时来了位七十多岁的老者，是去年见过面的。这位从厦门大学外文系退休的陈老师，光临过我的一次讲座。2011 年 3 月，厦门大学九十周年校庆之前，我以我的方式也来"校庆"。我的方式是在图书馆的"人文社会科学实验室"开设校庆系列讲座。除了"校庆追问"与"校庆追思"，还有"校庆追忆：我眼中的那一抹学统余影"，是口述我四年大学中的几位印象深刻的老师。诸师之中，有教授英文的郑师翼棠老先生。也许是我对一众师长语含恭敬、景仰，也许是郑师一生命运多有悲情，这位曾与郑师同事而此番光临讲座的长者，后来对我说，我写下、口述郑老师，是对郑老师很高的赞誉，能令已经辞世的郑老师有所安慰。他和我提到，五十年代的厦门大学，郑翼棠教授风度翩翩，一派外交家的气度。我在《与学生书》的另外的篇幅中后来补写了郑师的这一段，更深地言及郑师对我的熏染。陈老师来到签售会，告诉我他头天就买了一册《与学生书》，"先睹为快"。我略有点惭愧。这样一个师长辈的老者，我该手奉一册请教的。

这个陈老师已经是我签售会上很意外的欣慰了,有更意外的。一天里,总有约十位小学生吧,在家人的带领下,本是来厦门大学“熏陶”的,竟然偶遇了《与学生书》,成了我的读者。其中,有一个女子,带着读小学二年级的女儿和读一年级的女儿的表弟。两个孩子,站在我的面前,我请他们起笔写下自己的名字,尤其认真地为他们逐一题签;有一对夫妻,带着俩女儿,双胞胎,上二年级,也是她们自己写了“芳名”给我。我和孩子们开玩笑地说,都还在读小学呢,就开始读教授写的书了、就开始上大学了。我在所有的孩子们的书上,恭敬地写着:“感谢你访问厦门大学,欢迎以后来读书”。

谢谢孩子们给予我的褒奖,谢谢孩子们给予厦门大学的厚爱。

群贤毕至

签售的地点选在群贤楼一楼中厅,用意有二。其一,这是厦门大学最早的校舍,于这所大学是最具有符号性和仪式性的一处建筑。群贤楼群五幢楼坐北向南一字摆开,以一条罗马式长廊贯通。这条花岗岩条石砌出来的长廊,在我看来就不止于供方便行走的有形空间了,它可以也应该抽象为一条通向知识的殿堂的通道;我更以为,这条视觉上幽深的长廊其实也是时间之轴,漫步在这时间之轴上是可以引人通达人类文明的悠远源头、感触人类精神的深层内涵的。这也正是《与学生书》的企盼。其二,络绎不绝来访厦门大学的客人,多半是从西校门进入校园的，前行二百米便到了群贤楼。这个选址，也为了方便来访的客人“偶遇”《与学生书》。立校之时，群贤楼之取名，意在“群贤毕至”。在我看来，一字摆开的群贤楼群，便是张臂欢迎的姿势；所有游人的来访，俱添群贤毕至之气象。

择址群贤楼中厅，实在是地利、人和、天时。这整天的天气都非常好。面南而坐，正在校主铜像的身后。举目看去，阔阔天宇，湛蓝的天飘着絮般的白云，校主卓立在天宇下。我便像是庇身于校主、受天宇流韵之助。也当这是天人合一吧。若非起意签售，这一生恐怕都不会有这样的境遇的。

这一天，给许多读者题签的文字是：

五老峰下海天连，
群贤毕至芙蓉园。

补记：

西元2012年11月10日，由南强书苑举办《与学生书》签售会。早上十点至十二点，读者络绎不绝；下午两点到三点半，零星的读者。这一次的签售，也很有意外的读者。

一个1978年入学浙江大学的中年人，为读本科三年级的女儿买了一本，同时也为他自己买了一本。有几位母亲，是为正上大学或将要上大学的孩子买的。一位从台湾组团来厦门旅游的刘女士，这天来厦门大学。她买了两本，其中一本是送给台湾友人的。

有几位学前的小朋友,成了这一天的读者。新闻系退休的陈扬明教授,带他六岁的外孙来做我的读者。陈老师对孙儿说,你以后读着这本书长大。但愿此书不负陈老师重托。一个两岁的小女孩,由东北口音的爷爷奶奶领着来厦门大学玩,我签了字递给她书,她展开小手接书的样子非常可爱。朋友的亲戚让她一岁三个月的小女孩也成了读者,郑响小朋友。

有好几位博士生来了,我题给他们的是:"博学且博雅"。若是按比例,博士生来得要比一二年级的本科生多多了。这回的签售,南强书苑和作者设想中是以本科生这个最该读《与学生书》的群体为读者对象的。恰是这个群体,在这回的签售中应者寥寥。看来,一二年级的学生们,年轻得顾不上这样一本书,年轻得读不出这样一本书。是年长一点的学生,尤其是成年人,才能够感受得了这样一本书的价值。

我于此很意外。对这本专为学生写的小书自视过高了?还是这个时期学生们的阅读力低了甚至极低了?

再补:

去看何师,另送去两本《与学生书》。这是何师特意嘱我给他的,说是要送给两个要好的朋友,而且是肯读书的朋友。我恭敬地题上"敬呈于何师永龄老先生"字样,供老师赠与友人。然后,坐下,与老师闲聊。他老人家说,两次的签售会,他本来都想亲到现场的,因有事不克前行。我听了,很感动,自不必说。也有些可惜。当即便想象着,那个场合,何师若是不期而至,我会怎样的反应?这一册《与学生书》,又怎样另行承载了师生情谊?

陈嘉庚(1874—1961),南洋实业家,著名华侨领袖,伟大的爱国者,卓越的教育家。时贤后学,敬佩、感念嘉庚先生仁德,恭称“校主”而不名。世人礼葬校主以鳌园,吾校尊奉校主于学园。校主永在,嘉惠学子,赓续学统;中华巍巍,光耀千古,辉映寰宇。

晓风冬至

我到晓风书屋，是冬日的傍晚。同学们先期而来，此时已各自选好了书。我坐下来，在每本书上逐一替他们写下名字，以为表记，并题上“李琦志于晓风”、盖上“博雅园”闲章。这枚闲章，用的是蓝田玉，半年前在西安碑林刻的。单就这章的来历，盖在一众书生的书上，已是相当合宜。他们十个人，每人三册，汇总了，我合账。

二十年前，或许更早，晓风书屋开业于离大南校门约百米处。它背贴的，是厦门大学图书馆；正对的，是向有“五老凌霄”之称的五老峰和山脚下的古刹南普陀。如此，世上无数间书店，这晓风书屋便自有其别致处。在左邻右舍各式商铺的映衬中，晓风书屋更是风骚独具。那些年头，我读书远比现在勤勉，窝进晓风之频繁，堪比踱入图书馆了。不大的门面，中间开着土黄色的木门，暖暖的调子；两边各是约三、四尺的橱窗，书脊向外立着，很方便读者识别，更显得这一处门面卓尔不群。进门，空间上很是逼仄。两侧靠墙是书架，直达天花板；中间是个书案，新书和最受欢迎的书才会由店家摆在这儿。任你是谁，进门，都会觉得这是书的世界。你说书簇拥着你好了，你便由此恍然有了一座书城，欢愉、沉醉；你说书裹挟着你好了，你面对浩瀚书海不免心生卑怯，以为勤苦作舟也未必到得彼岸；你说书激励着你好了，想让自己有朝一日也激扬文字，写一篇新章夺书架上一席之地，至不济也见贤思齐般开一家书店来爱书、敬书。

逼仄的晓风是骄傲的。只有那些严肃写作、认真出版的卷辑，你才会在晓风见到。店家把时尚、流行、低俗、平庸关在了门外，使你进门便能静静地找寻、品读、思索，与书家对话，溯文明之悠远，辨生命之幽微。有几年里，我困顿于"何为知识分子"与"知识分子何为"，欲探究"知识分子如何对待社会与如何自我对待"。晓风书屋架上所陈这一题域的诸家著述，我搜罗殆尽。精研深思之后，终有所得，自以为想了个通透。这一应著述里，有英国人富里迪的薄薄一册，《知识分子都到哪儿去了——对抗二十一世纪的庸人主义》，裨益我良多。我还由此书引申开来，专门作文讨论中国法学教育之兴盛与蜕变。随后，选定此书作为《阅读 · 理解 · 表达》的课堂用书。那时，《阅读 · 理解 · 表达》与现在的问题导向不同，还是文本导向的。《知识分子都到哪儿去了》就成了我引导同学们辨析知识分子问题和反思当代教育的必读之册了。我向晓风订了此书十来册，人手一册送给当年修课的同学。这送书之举，那时另有一点心思。我自己写不出书来，就拿别人的书送给学生好了。

晓风无疑聚集了数代读书人。我这一辈的，我的老师辈的，以及我的学生辈的。何师就常和我说起他去晓风读书，那都是他年过八十以后了。老人家会很豪迈地和我说，“我就是去看书，我不买”。书店嘛，本来也就是图书馆。只有一次，老师和我说，在晓风看到一本书，《国家的常识》，他盛赞作者学识之渊博和论述之精到，说“太贵了，我没买”。我隔日去了晓风，买下这本书，给老师送去。我还特意请店员帮忙，说“要是看到老先生看中哪本书，给我留着”。

回想我做学生的时候，是得了何师赠书的。八十年代早期，在大学里修习法律的学生们，是没有教科书的一代。那时纵然勤勉有加，也是学海浅浅，至少“法海”浅浅，可不像校歌歌词里的“学海何洋洋，谁与操钥发其藏”。一回，寒假过后返校，去何师家里。老师随手递给我两本书，我以恭敬而受领。学术上百废待兴的一个时代，上海社会科学院法学研究所编译了一套法学知识丛书，于学人与学子，都可算稀罕。何师所赠两册，分为《法学总论》与《国际法》。我由老师这么领一领，自己后来另买了几册，《刑法》《宪法》《诉讼法》等。这几年，老师还是会不时向我“说书”，告诉我他读了哪些书，并推荐我阅读。有时，也递给我书，说“看完了，你拿去”。我就犹如回到学生时代般。最珍贵的是，一套《当代学术巨擘大系》，台湾允晨文化事业股份有限公司在民国七十一年出版的，老师一手递给我四册。其中曼海姆的知识社会学和伊斯顿的政治学，都是我也算精研所及的。

老师与我，我与学生，书之为纽带，不变。可也真所谓世事无常。大南校门外长达数百米的这一条商业街，俗称“厦大一条街”的，拆了。五老峰下、学府门前，倒是少了一派世俗、庸常、喧闹、嘈杂，却也拆去了一条凤凰花的林荫道，更拆走了晓风书屋的书影文风。迁址大学路上临近沙坡尾的晓风书屋，由这空间位置，已显其边缘化了。它迁走的这几年，我再不是一周数次光临，一月之中也就去个两三次。每次去，都有门庭冷落之感。这光景，正是世相一折。在阅读越发蜕变为消费的时代，晓风这样纯学术的书店，自然越难以为继。我唯恐晓风也像周边的数家书店般，向着时尚、流行转去，或者干脆就闭门歇业了。果真如此，大概不独是晓风之遗憾，更是一应读书之士的耻辱。士人竟不足以作一方土壤，供晓风生根其上。这心思，使我尽量满足自己愈加随性的阅读取向，从晓风多买书，更绝了刚学会的从网店买书的举动。数月前，意外晓风按五折售书。月前，向店员查询一本新书，告知晓风已不进新书了。这下让我惊恐了。莫非，这是在清空？岂不，晓风不再？奈之何，奈之何。节“哀”顺变好了。

顺变归顺变，总是不甘心。多转了几个念头，便在《阅读·理解·表达》下课前，指示修课的十个学生，周一下午每人前往晓风，至少待满一个小时，读书、选书。我以此向一家纯学术的书店致意，帮着清空。另外，我要让我的学生们，在他们或许已经习惯乃至沉湎于网购的时代，多一次步入实像空间，面对林立之书，静心品读、甄选；这些书，也要让他们在流行的视屏阅读的时尚中，添一份纸版阅读。开学初，例行地讨论阅读的时候，我说了，与视屏阅读比起来，纸版阅读更贴近我们的心灵。这倒不尽是所读内容多了肤浅、庸俗，也是视屏阅读更依赖“技术”,而人类的技术越“先进”就越是与心灵疏远。坚持纸版阅读,无如守护阅读的手工性。读书与教书,原就该是手工的,甚至该是纯手工的。这传统,已然在指缝间流逝了,乃至握紧书卷与翻动书页的手指本身也流逝了。

签书之后,围桌晚餐。这饭吃得有来由。这来由,却不是我会账在先,同学们回报老师以继。这一天,西元2014年12月22日,乃是甲午马年冬至。晓风之行,我是特意选了冬至日。

一年的二十四节气中,随着地球绕太阳公转到这个节点上,古人赋予了特定的含义,来展示天人关系与人伦情理,远不限于只当作民俗的北方吃饺子、南国食汤圆。祭天、敬祖、孝亲、尊师,即是冬至所当为。冬至之孝亲,仪式化为向尊长进献履、袜。才高八斗的曹子建,世人大抵但知其为爱情而作《洛神赋》,却不知他为亲情写有《冬至献履颂》。餐中,我遂和一众弟子说及,务必与家中尊长请安问候。冬至的尊师,一者于孔庙拜祭至圣先师,一者致意于授业之师。在“民以食为天”的国度,请老师吃饭就成了习俗与传统。我这便大大方方地提前一周,向一众弟子,讨了这一顿饭来吃。只这缘由,这下才明白道出来。

我去晓风,赴约《阅读·理解·表达》这一众弟子之前,给子萌发了邮件。她低一级,本科二年级,正在修习《辩论与演讲》。在她作为轮值主席的任内,我经她转达所有修课同学的邮件如下:

今日冬至。节气上为一年中寒极之时。以中国传统的阴阳观与辩证法,“寒能封藏”。大概此所以“梅花香自苦寒来”吧。人文一端,冬至为一年中最紧要之节气,所谓“冬至大如年”。当此,祭天、敬祖、孝亲、尊师。诸君以一人之微,天可不祭,祖亦难敬,不妨问候家中尊长以示孝,致意校中师长以尊之。按中国的传统,所谓“教师节”,其实就着落在这冬至时。

晚餐中,我一边引导弟子们品饮“封藏”有年的汾酒与竹叶青,教他们从酒中体悟美雅、精妙,这是旧话;一边提示他们,文明至此,“守陈”也许比创新更为重要,这是新语。然后,我静静坐着,看他们轻松地说着自己的话题,一如在课堂上,我听着。

甲午马年冬至,教师节。

博雅园 · 木棉树下读夫。

说　书

原来,这世上另有一样 T 台。它属于我的学生。

马蹄形摆设的课桌,同学们相对而坐。各自身前,便有了一方空间,丈把长,四尺宽。每周上课,发言的同学站在马蹄形开口处,面向大家,端正、素雅。长裙的紫晗,会走动着,让她的语言更加生动起来,带动着课堂也动起来了。妙得很。紫晗走得意气风发。泽华有时也会下意识地移步,否则就像是束缚了他思考。泽华之动,如青春的原力在突破羁绊。到了结束课程的倒数第二周,我猛然意识到,他们这样上课,无如模特 T 台走秀。不同的是,他们以言辞为步,拿思维作韵。

模特在 T 台上,用步态与韵律展示的是有形的、物化的美雅与风情。这一天,甲午马年十一月初九,西元 2014 年 12 月 30 日,我的一众学生,他们各自展示的,是无形的衣裳、符号的世界,风雅别样。

《阅读 · 理解 · 表达》从一开始,就包含了同学们相互推荐阅读书目一节。这回自然不例外。明阳引用了一句话,有几分道理在内。“你崇拜谁,不该去看他写的,而应该去看他读的”。照这话,那么这门同学们互为师者的课堂上,“重要的不是听他说自己怎么想,而是听他推荐了什么阅读书目”。每个人将自己相中的书,在课堂上引介于同学,便是遮羞、御寒的有形衣裳之外,呈示了一件词章做线、心思织就的无形服饰,或华丽、典雅,或简约、平实。审美的趣味、思想之高深、成长的印记、生命之体悟,都粘连在这一册他人写就的书上了。

女生一如既往地用“很文艺”的路数走 T 台。感性是她们与生俱来的生命形态,也是她们的质地。王一的书目是《小王子》。这么多年了,也该长成“老王子”了吧。从 2000 级的张洁让我认识这个“小王子”起,我不时要与这“王子”遭遇于我的课堂上。张洁当时很认真地用不同的话,对每个同学阅读《小王子》的价值,专门提示。果真是“因材施教”。她还很淘气地对我说,“读《小王子》,老师就不会那么尖锐、犀利了”。2012 级的王一,则说到,她随年龄的变化而从书中所领悟的,大有不同。田甜讲中国作家铁凝的小说《大浴女》,是从雷诺阿的油画《大浴女》说起的。她猜测,小说家是“借用这样一幅画的寓意去阐释小说所要描写的以女性为线索的友情、亲情、爱情、理想与追求”。杨帆不知有意还是巧合,龙应台的《目送》与刘瑜的《送你一颗子弹》,“两本书恰巧都是女作家写的,又全都是由一篇篇的散文组成”。她说,读龙应台是“心有戚戚焉”,刘瑜则“当你是一件生锈的铁器时,她举起锤子,敲落你满身的锈,让你舒畅”。这个比喻,实在有趣。淑雯带大家认识小说《灿烂千阳》。作者胡赛尼生于阿富汗,后举家逃至美国,本职是医生。

小说以非常细腻的手法讲述了一个沉重的故事。“这部小说对我的启发:我们离战争太远,新闻里虽然常常有暴乱,但我们依然不会有太多的感受。希望大家在享受生活的同时也不要忘记生活在苦难中的人们,珍惜身边的一切。”

阴阳互济的世界,男生不可不偏于理性。郑涛用甘阳的《通三统》、梁漱溟的《中国文化要义》和贺雪峰的《新乡土中国》,似乎有意在回应我从开学起所设定的主题。例如他说,《通三统》与第二周讨论的话题“大学何以言其大”紧密相关。郑涛的三本书,都关乎历史与现实之交汇。明阳说《万寿寺》,“我第一次读书而感到‘阅读的优越’的一本书,它让我知道原来书还可以这样写,人还可以这样活,记忆还可以这样碎片而有趣”;说《活着》,“第一本让我落泪的书。在生活中我是很狂放的一个人,而内里却很平静,因为这本书”;说《安藤忠雄论建筑》,“每一门学科都是从不同角度解读人类文明的发展史。我读到这本书,从此爱上了这个专业”。男生的理性里,也有柔而暖的触感。

明阳这天没来课堂,事先也没有请假。这很奇怪,却不能算他旷课。这个学建筑的男生,本不用修这么一门课的。他要在大学里不为学分地修一门课。于是,在随我修了一年的《辩论与演讲》《沟通与说服》之后,他参与《阅读 · 理解 · 表达》。他绝非一般所谓的“旁听”。这课堂,原就也属于他。他说过,每个周二上午,从男生宿舍凌云,走过后山湖畔蜿蜒的路,来到临海的教室,是一段带着一丝丝朝圣心思的路途。

“在路上”,常常比“到达”有意义。本学期第三周的主题,便是“读书于有用无用之间”。课程的这个环节，阅读推荐，主要目的倒不是让一本有价值的书能够添一个或几个读者。主要乃至唯一的目的是，在认真、谨严、郑重、恭敬地推荐一本书时，在这本书上投射了自己。这就如一个人的服饰、仪容，毋宁是他一己之自我对待。T 台上“向外”展示，不过是展示“自我”。

人之于书，也存着缘分。世上终究是好书多而读不过来。若非一个虔诚的教徒，实没有哪本书非读不可之说。大千世界，多姿多彩、纷繁复杂。既然“生也有涯”，人就只能去感知、体验其中极其有限的部分。一个人对于这世界的感知、体验，就和他所遇、所读之书大有关联。对于这个世界、这个世界上的人，既然每个人不得不随缘，再勤学好读之人，也不妨以随缘之心来读书。

这其实说的是我自己。我自然是有老师教我读书的，却没有哪个老师指定了哪本书要我读。如此，我便很随性、很驳杂地读书。意外之得、惊艳之喜，往往就这么扑面而来。这般读书之乐趣，使得我总是轻易不敢给学生们开出书目。既觉得没有必要，也担心夺了学生们的“艳遇”。即如山花浪漫之季、之地，信步走着就是了，何必有人指点路径？一旦指点，岂不了无趣味？

十几年来，课堂上的阅读推荐，我只是静静听着，从未自己动心向同学们推荐哪本书。可这一回，我竟然动念，尾随着同学们，上一趟 T 台。我像是反串角色，向同学们推荐的是《天雨流芳——中国艺术二十二讲》。我纯粹是个艺术外行，于中国古典艺术也素无所知，对这一册雅致的书，着实喜欢之极。临近期末,我向同学们推荐《天雨流芳》,与自第一周上课以来总是课上沏茶,异曲同工。这回,算是我请了一生与台北故宫博物院相伴又客串大学教席的李霖灿先生,来帮我琢磨、熏陶我座前诸生。

我多和同学们说了点故事。这一册《天雨流芳》,我之推崇,竟至于特意多买一册,送给林师有振老先生。林师是我高一的语文老师,兼了班主任。他教我的这一年,我待年长后忆起,方知印记至深。此中的师生情谊,在《与学生书》卷一"思忆我师"中的"我的老师,我生命的底色"一文里,专门起了一节,写了林师。《与学生书》出版中,我与林师相商,请他题写书名。我无力鉴赏林师的书法,非为艺术恭请老师题书,而是出于林师为我老师这一端。林师为我这一册专心写给学生的《与学生书》题写书名,实实在在是他的"与学生书"。三十多年前,老师助长一个懵懂少年;后来,老师再为昔日的学生增色添彩。那日晓风书屋里见着《天雨流芳》,觉得非这样一册书不足以配衬老师的儒雅清秀。正该当将此书面呈于林师。

行文至此,轮值主席杨帆堪堪将每周必写的周记发了邮件过来。她不仅迅捷,更是很用心。课下她一定是即刻查阅了《天雨流芳》,所以,周记里她摘录书中介绍:

> "天雨流芳",此四字原是汉语,意为天降润雨,滋生万物,但如以纳西语发音,其意思却是"去看书吧"。

是呀。去看书吧。

树丛里,枯叶并尘土覆上书岩;这一刻,师长拂叶吹尘自俯身。

燃一处薪火，盛师作柴

讲台上，童文星说着《洞穴奇案》。这是法学家富勒所虚构的故事，拿它作法理学的载体，使抽象命题得到略为具象之展示，也由此把理论难题推到极致。这个“奇案”，足以击碎“法的确定性—客观性”这一幻象，更容易因之让人对法律能否实现正义变得沮丧乃至陷入绝望。文星同学借了这个“奇案”做主题报告，固然合宜，而且含着些深意。在我这儿，竟还添了巧合。

这一晚，是2014级宪法行政法学与诉讼法学两个专业的硕士研究生修习学位课《法理学》的最后一课。近年来，这门课与之前不同，我只讲前半学期，后半学期由同学们各自选定主题、充分准备后逐一课堂陈述于老师、同学。在这个环节里，针对每一主题报告专设的评议人由同学们交替担任，课堂主席也是轮值的，其他同学则在主题陈述与评议后自由发言、讨论。最后我或相应评析，或延展开论题，以之履职。按同学们自行排定的顺序，文星的《洞穴奇案》成了收官的话题。富勒所虚构的故事，把极端情形下的生命困窘硬生生摆在读者面前；文星讲述这个主题，恰是应和了我为这门课程定下的基调，“经由法律的生命体验”。

这最后一堂课，结课结得也很别致。此赖陈玉云同学之用心。身为轮值主席的玉云，和大家说，第一周老师安排了开课典仪，那也该有个相应的结课仪式。她遂“自作主张”，把当晚的后半程专用于结课仪式。她请每个同学临场发表“修课感言”，她自己更是就一学期的课堂做了完整的总结，以尽轮值主席之职。我听她说她自己随课程而产生的心理变化，听出几分戏剧性来。她说，一开始老师说的几乎全然无关法律，还扔出一个命题，“生命的本质是痛苦的”，这让她很无奈，甚至绝望；而后，随课程铺开，像是一步步从痛苦的心境中走出来，渐渐明朗、轻快、踏实。她这真是用心在修课。玉云用了一段文字归纳她的感受：“与其说李琦老师的法理课是一门课程，我更想说是生命的体验，独一无二、新奇的生命之旅。我们无法预知老师会带给我们什么，但无时不刻不在好奇着、期待着。课堂不是李老师的独角戏，我们都是这场戏的主角，只是有时戏份不同。我们都积极参与甚至主导课堂，在课堂上有极强的存在感。我们彼此交流、相互启发，不断进步、成长和成熟”。

我正是越来越弱去学术训练的目的，哪怕是在研究生的专业课程上。或者说，我以课堂上的学术训练为“文”，载着生命体验这一“道”。童文星讲《洞穴奇案》，是“文以载道”；陈玉云有意安排结课典仪，是“文以载道”。我还另择专文，以使文星、玉云们修道、悟道。这与盛师有关。

学期中间，我给课代表童文星发去邮件：

文星并所有同学：

课程中除了每个同学一次主题报告外，同学们尚需另行写作。附件是我在上半年校订的先师盛辛民教授的著述，法律出版社正在出版中。这是重新刊布。我为此写了评论性的小文，随盛师著述一并刊布。每个同学，就盛师著述写出读书报告。

各位同学这个学期就学于我，也是与盛师之缘。就着机缘，读读盛师著述，且为学统相继。

所言“就着机缘”，自有因由。按中国纪年，甲午马年正月刚刚开始，盛师舍此尘世径自西去。我略知盛师生平，认定这尘世，竟似专要他以八十六个年轮来磨难与沉思。这一番磨难与沉思，使得盛师既奋力于中国法学教育之重建，也为这个民族思想构造的智识链珠中奉献了一册《社会主义法哲学》。然而，盛师生前身后，地位不显，学望不著。这一册小书，不过如一颗小石子，落进时代剧变的洪流中，不仅后人无以知之，时人也少识其声响、动静。为此，学院决意出资重刊盛师的《社会主义法哲学》和所有论文，不光是一般意义上的纪念，更是在这个时代向盛师致意。

我以“师者事，弟子服其劳”之心思，不愿假手他人，于马年春夏之交，躬身为盛师一应著述校订、重录。这过程中，刚修习过《法理学》的一年级硕士生方浩长和正由我指导毕业论文的四年级本科生刘捷，欣然相助于我。这是他们礼敬师祖。校订、重录之后，我以《智者恒智，隐士归隐》为题，收摄心神，写作《社会主义法哲学》之评述。我在文中申言,“盛师的思考,毋宁是中国式的‘为生民立命’。他为此殚精竭虑穷心神之思,披肝沥胆发肺腑之言。他之穷思与发言,真正的凭借,是他一甲子的生命体验,是他形形色色、几乎接踵而至的人生磨难。他脱出一己磨难,超越个体经验,自觉担起匹夫之责”。我在文中坦言,“盛师耄耋之年、弥留之际,已是学人溃退、学风颓废、文风衰败。盛师之智思与行止、为文与为人,可作一把尺子,量一量今世之‘士’,世风与士林”。

到了童文星和他的同学们前来就学,我再不必选择,不假思索而指定同学们以写作《社会主义法哲学》之读书报告作为他们的学期论文。《智者恒智,隐士归隐》则是他们的导读文献。我略略担心,若非我导读,同学们的眼力与心力还不足以读出盛师之智,更体会不了盛师在字里行间所融入的生命体验。

果然,陈爱飞验证了我的顾虑非为无由:“学生初读此书,恍如雾里看花,似懂非懂,此时,李琦老师的《智者恒智,隐士归隐》一文即为学生阅读这一文集打开了一扇门,一扇有关盛老师社会主义法哲学思想的大门。在此评述的第二部分‘智识’一节,主要阐述的是《社会主义法哲学》一书中所蕴含的法哲学思想,李老师将其概括为‘警惕权力之恣意,是盛师念兹在兹的核心问题。这个意念,堪为他的法哲学的串珠之链。盛师之洞察幽微、鞭辟入里,无一脱离此念’。该评述既是对盛辛民老师‘智识’的介绍,又为我辈学子理解盛老师精深的法哲学思想提供了导读材料”。

郭丹朋很明白我的心意，认定这是他的老师“一次富有师承意味的期末安排”，否则“我们可能会忘却这样一位老人，他的著作也有可能只是静静地躺在图书馆的书架上，和一堆汉译法学名著如黑格尔《法哲学原理》、拉德布鲁赫《法哲学》在一起，大多数人可能会忽略这本薄而旧的《社会主义法哲学》”。“老师这次富有情怀的读书报告作业，让我们有机会走近盛辛民老师，静心的阅读盛老师的《社会主义法哲学》著作和相关论文，与李老师一起通过阅读缅怀盛辛民老师。斯人已去，唯有精神不灭，薪火相传”。

赵璇的读书报告最把师生三代的薪火相传、学缘牵连释出。她以“前缘”起，以“惜缘”终，由“透彻的原理性思维”与“优美的修辞学表达”铺展开对盛师之读。“前缘”中，赵璇说，“方知盛师之思想深邃与用心良苦。李琦老师授予我们之箴言，‘透彻的原理性思维与优美的修辞学表达’，恰是着落在盛师身上的，在盛师的著述中表现得一览无余”。“惜缘”之情里，赵璇明了，“老师将知识分子独有的生命形态描述为：清冷静思、侧身独立、自我挣扎。于我看来，这三项都一一着落于盛师与李琦老师身上，也许这也是学统承继的一种表现吧。无论是盛师或是李琦老师，都有着知识分子独有的情怀，并敬畏着这种情怀。如此才得以在如此纷扰之尘世中拥有并守护着独属于自己的一方净土”。

赵璇还用很女性的笔触，将读书报告画上句号：“在晨钟暮鼓中初雪飘落，初雪消融，世间万物大约都是这样从无到有，从有到无，周而复始。与老师的相识是缘起，如初雪飘落；但课程的结束并不意味着如初雪消融般的缘尽。我们没能留住时间，但却留住幸福的记忆。因着这份记忆而守着这份缘，珍惜着这份缘。也期望能因着这份缘而将恩师之学统承继下去，如恩师一般，于心中点一盏心灯，立一方明镜”。

在学院举行的“盛辛民教授追思会”上，学妹兼同事丁君，哽咽着说及盛师。她说，历经人生跌宕、沧桑的盛师，留给她最深印象的，是盛师总伴着洪亮、爽朗的笑声。是的。这个静默、坚忍的老人，诚然道身、儒骨、佛心。

愿我座前诸生，在盛师的文辞中感受盛师的“心灯”，如得“一方明镜”。

这尘世，竟似专要盛师以八十六个年轮来磨难与沉思。

第六折
课堂在别处

学海何洋洋，自此放舟去

“培育有中国根基的世界公民”

晚饭过后，徐女士和她的工作伙伴们陪同我们几位从外地到南京的，参观“亲近母语”的工作场所。白手起家、筚路蓝缕，历经十年，“亲近母语”不久前从风雅扬州迁址古都南京。这一处工作场所是新近启用的，其中包括机构的行政办公用房、教师与学生的阅览室、多功能活动室、影视厅、配上花梨木桌案的教室等。除了这些有形的物理空间，大厅和廊道里还有许多宣传板，介绍“亲近母语”的宗旨、理念、课程、项目等。我去年专程赴扬州拜访徐女士，对“亲近母语”这些方面已有所了解。

十年来，“亲近母语”致力于为少儿提供最符合中文特质与少儿特性并富有浓郁的中国历史文化气息的少儿教育。提供建制性的学校教育之外的课堂教育包括夏令营，编辑、出版最适合少儿阅读的书籍与视听资料，举办小学教育论坛，组织小学教师的研修等等。想着这些，我渐渐意识到，“亲近母语”之所为，算是连结了原是分离的公办教育与民间教育，是将中国两千多年来“学在官府”与“学在民间”的两种教育传统汇合、并流了。她的存在,已大大越过了其单纯作为民间教育机构的狭窄与局限,前承古来的学统与文统,于当下则是汇力于当代中国社会转型中扩展民间社会的趋势。古语“为巨于细”,这当得一例。

浏览着廊道里的宣传牌,赫然眼见十二个大些的字,令我一震:

培育有中国根基的世界公民

乍见我便如闻弦歌知雅意般,深心里为这十二个字叹服。

所谓“孔孟之道”,向来各有解法,各道其“道”。帝王以之为政道,立庙、祭祀,以道饰政。程朱以之为人道,合着天理,约束人心、匡正行止。革命家以为乃歪邪之道,欲反之、毁之,由此演绎了20世纪中国的文化裂变。且只把“孔孟之道”当师道好了。这一“道”,两千多年前,亚圣立宏愿,“育天下英才”。一介布衣,三尺微命,如此昂然卓立于天地之间,何等气概,何等阔达。正是“赞天化地育”。然则,“育天下英才”固然足以为所有为人师者之使命、之天职,每一个特定的时代里,这使命与天职又注定有相对具体和直接的内容。“培育有中国根基的世界公民”,堪为这个时代为人师者的使命与天职的具体表达,准确、深刻、透彻。我一时间无法清楚,是这十二个字道出了我一直未曾自道的心绪,还是这十二个字照明了我似乎朦胧前行的目标。这一端不清楚没关系。我既受教于“亲近母语”的这“十二字真言”,心思便同时动了起来。

我这一趟专程来南京，是应“亲近母语”的邀请，参与两项活动。一是少儿禅修夏令营，我要给孩子们上次课、沏回茶，讲讲茶，讲讲历史，讲讲华夏山川。二是第七期儿童阅读种子教师研修班，作为同行给来自全国各地的小学语文老师做两场主题演讲。这得感谢徐女士细致的工作和对我完全的信任，赠我以一方讲台，添了我教书生涯的一份责任，也由此添了我教书生涯的别样荣耀。这个晚间，我对着“十二字真言”，心思转到了次日早上的讲述，“我们处在怎样的时代”。

我原计划用这个讲题，与比我年轻的同行解读这个中国宏大历史进程中的转型社会的特点，剖析这个时代个体的生存境况与心灵状态。我的用意是“认清来路、知所立足”，从而有可能平静、从容地面对这个极其复杂与特别的时代；也由此铺垫我后一个主题，“给教室添上温度与温情”。我心思转动之下，压缩了原计划的内容于一半时间，便于将“我们处在怎样的时代”这一主题的内容扩展开来。我原是准备在中国历史进程的“千年变局”中来讲这个时代的，扩展开的内容则是在全球体系的空间维度下来讲，从而由其中所关联的“中国向何处去”的问题引申出“人类向何处去”的问题。

7月8日，十点半，我青衫、肃立。我从那一句大家熟悉的“十年树木，百年树人”的不合常识说起。个体生命不过数十年，教人如何要百年？又如何能够百年？单就教育必定着落于生命个体这一教育的具象形态，自然无“百年树人”之说。一旦越过教育着落于生命个体这一具象形态，辨识教育之中的文化传承、文明演进、现实应对，则非“百年树人”不可。那么，百年所“树”何人？亚圣的“天下”，不过华夏；今日的天下，已是寰宇。“育天下英才”，实乃具象为“育世界公民”。以华文为母语的为人师者，非得有此世界性视野，看得身前、座中俱为“世界公民”不可。全球体系下的世界公民，为何又得有“中国根基”？我随即揭示全球体系的基本格局，欧美主导与工业文明。这一横一纵两轴，已将人类导向穷途末路。因此，百多年来，中国人“中国向何处去”的问题尚未解得，扑面而来“人类向何处去”的问题，如天问般。“中国向何处去”的何处，便不独中国的“何处”，也是人类的“何处”；“中国向何处去”之问，便包含了或涵盖于“人类向何处去”之问，二者毋宁是二而一、一而二的问题。欧美既以对动力与能源的掠夺式使用的工业文明将人类导向歧途，重归“正道”，非得文明的大转向乃至根本性转向。当此之际，“以中国文化的独特性而贡献于人类的文明转向”，该是数代中国人的文化自觉与文明使命。中国的世界公民，断不可缺了“中国根基”。否则，不仅一己立命失了精神性的文化血脉，也是人类的“春江水暖”少了一道悠远泉源。

这个时代的教育，这个时代的教师，回溯五千年华夏文明，自该将先师与亚圣之道，演绎为“培育有中国根基的世界公民”；放眼蔚蓝地球与浩渺星宇，也该将先师与亚圣之道，演绎为“培育有中国根基的世界公民”。这是天降大任于这个时代的教育与教师，何止于“亲近母语”，何止于“儿童阅读种子教师研修营”。

还能有选择吗？士不可不弘毅，任重道远。

1981年,厦门大学为六十周年校庆之故,邀得刘海粟、赵朴初、张仃、钱君匋诸名家,留下了位于人类博物馆西端、建南大会堂正北的石刻。学府平添风雅,海石也成卷辑。

世上最美的树叶，茶

我沏着茶,十来个学生面对我马蹄形落座。这人数,和我往常在芙蓉园里为学生们沏茶时一般,年级却大不相同。座前诸生,最大的是两个刚读完高一的女孩儿,算是大姑娘了,确是几分知书达礼的样子。两人好像是同学,从扬州来的。巧的是名字的最后分别是冰、清。最小的,是两个三年级的男孩儿和女孩儿,机灵得很,也淘气得很。两个孩子一起从成都来的。在我请他们"向老师自我介绍"的时候,小女孩就急切地打断她的伙伴的话头,硬生生要告诉我"他是饺子",因为小男孩儿姓焦。这便惹得"饺子"和她一番对话。这场景,果然和我所料不差。正是在最顺着自己天性的时期的小人儿,我这课,《茶的故事》,如何能不被他们无拘无束的行止与言语搅浑呢?

所幸,我有备而来。敏慧今年本科毕业,数日前才从学校回镇江家中。我招她来,给我做助教。她修了我一学期的《辩论与演讲》,又喝着茶修了我随后的《阅读·理解·表达》,更因此与高一年级的博文一并为我的《与学生书》作序。这个美丽的女生,是我最后救场的关键。万一我对付不了这些精灵古怪,她一定可以。当然,孩子们并不知道这个漂亮姐姐在这个茶课上有多重要。孩子们更不知道,我事先让敏慧做了准备,课中由她来给孩子们讲特洛伊战争。这个敏慧的女生也极纳闷,她的老师给小朋友们讲茶的故事,和这西洋人的古代战争有何关联?我却卖了关子,要她自己去猜。

这堂课,在南京城东北方向的栖霞山下。南京城外的这一片区域,原本是幽僻、静寂的。山上有栖霞古刹。然而,几十年前,这里却是铁血战场。东瀛来犯,此为南京保卫战最重要的几处战场之一。就着青灯佛影与枪炮轰鸣相交织的承托,民间教育机构"亲近母语"把少年禅修夏令营安在了如今已是校园林立的这一区域中的金陵小学仙林分校。夏令营的孩子们,过两天会住到栖霞寺里,喝喝禅茶。我今天的茶课,无法和禅意通连,只是讲讲凡尘之茶,以肉眼凡胎来感触、体悟茶的意趣。夏令营里孩子们也还会用专门的时间,随僧人在山里采草药。"亲近母语"的安排,非常的用心,也非常有见地。工业文明让生命的存在变成了"去地化",越来越远离大地这一根基。让孩子们足踩草木茂盛的泥土、手采可治病救人的植物,正是以中国式的生命理解而在"去地化"的当下生命形态中将生命的感受与体验引回大地。这已算是返璞归真、正本清源了。我事先构思《茶的故事》一课,隐约间已是和"将生命的感受与体验引回大地"异曲同工了。

在我穿着橙红色立领棉衬衣和孩子们见面之前,一席黑色中式衣衫的余先生教孩子们吟诵。我看了看孩子们,开口说的是,“刚走了个黑老师,现在来个红老师。黑老师教同学们吟唱,红老师让同学们润润嗓”。我坐下,用工作人员备好的一应茶具,沏起茶来。敏慧则在一边为孩子们端茶、续茶。还真得有她来助教不可。孩子们喝了三样茶,红茶、青茶和绿茶。红茶和绿茶是我随身带的,出自闽东的陈年红茶和产于云贵高原的贵定雪芽;青茶是台湾的高山乌龙茶,“亲近母语”特意给孩子们准备的。三通茶饮过,我开始《茶的故事》。我这讲的,还真正是茶的故事。我用口述和幻灯片带孩子们到了成都西南百多公里处的蒙顶山。在写有“扬子江中水,蒙山顶上茶”的山门之后,孩子们用他们好奇的眼睛“进入”天盖寺,来到茶神殿前。相传西汉时吴理真在蒙顶山上花了七年时间将一种野生的树驯化了,而有今日的茶。吴理真由此为后世尊为茶神。茶神殿后的山上,有宫墙围出了皇茶园。内里的七颗茶树,说是吴理真手植,唐宋时为皇家贡品。我特别和孩子们提到,皇茶园里的茶,每年最初采的,是祭天用的,不归人喝。

从这带点玄奥的蒙顶山“下来”,我接着讲茶的基本知识。先用幻灯片展示了让敏慧找出来的“十大名茶”的图片,分别是干茶和杯里冲泡了的茶汤。再按茶的制作方式和加工程度,讲茶分六类,黑茶、红茶、青茶、黄茶、绿茶和白茶。六大茶类,尽量周全地将代表性的茶用幻灯片展示给孩子们。“十大名茶”之说,并未涵盖六大类的茶。可我终究不能也不必要将这课上成纯知识性的课程。我想让孩子们爱上茶,我想引诱他们以后多喝茶而少喝瓶装水、更少喝瓶装饮料。我就使了心眼,择了两个产茶的地方及所出产的茶,大肆渲染。我这个土著闽人,借机把孩子们带到了闽地。我告诉孩子们中国四处列入世界自然与文化双遗产地中的武夷山,用一帧帧集富美感的图片将九曲溪、天游峰、大王峰、玉女峰逐一展示;告诉他们,这样的丹霞地貌是以“色如渥丹、灿若明霞”而得名的。这武夷山的岩茶与红茶,便是“碧水丹山育青茶”。我由这一铺垫,领孩子们去体悟“一杯在握,唇吻南中国的山山水水”。喝的,可是山水,不只是树叶。闽北武夷山之后,是闽东太姥山。这是中国的二十四处世界地质公园之一。山上有“鸿雪洞”,名字已是美得很了。洞口有古茶树,名字竟是美到极致,“绿雪芽”。我随即用一串图片让孩子们眼见太姥山的雄浑、俊朗、生动、妙趣,更让他们知道这是中国“海边最美的山”以成“山海大观”。太姥山下的一方水土,恰是白茶的原产地。“那山海的精灵,叫白茶”。我随身带了白茶中的上品,白毫银针。孩子们得以亲见这因最少的人为加工而“最原生态的茶”了。我还示意他们,可以拿几枚白茶,放嘴里含着。

我暂停下茶的故事,继续为孩子们沏茶。先让他们唇吻这精灵般的白茶。之后,我变魔术式的,用凉开水泡随身带的一款绿茶羊艾毛峰,同样产自云贵高原。往杯里倒上凉开水,取茶叶轻放于水面,告诉孩子们不要惊扰了杯里的茶,只靠近了去感受暗香涌动,眼见茶叶在浸润了之后摇曳着飘入杯底,然后渐渐舒展开来。我这一式魔术,叫“夏日杯中飘绿雪”。喝到口时,孩子们惊讶于这一款“凉茶”的甘甜爽口。可不。明人早说了,泉不难于清而难于洌。

孩子们喝着茶,我和他们说着,“这是世上最美的树叶”。

接着问他们，知道特洛伊战争吗？清说她知道。于是我改了主意，由她来向弟弟妹妹们讲讲特洛伊战争，敏慧则补充着、解释着。我由特洛伊战争引申开来，说美丽的人会引发强盗行径，美丽的树叶也引发了邪恶的战争，鸦片战争就是因茶这一美丽的树叶引发的战争。我说，中英鸦片战争的结果是，按《南京条约》开放广州、厦门、福州、宁波、上海“五口通商”。美丽的树叶引发的战争，改变了一个民族，也改变了这个世界。最后，我以肃穆的神情说，“同学们，我们一起，恭敬和守护世间一切美丽的存在”。这是我在《茶的故事》上说的最后一句话。

我很感动于“亲近母语”的八字口号，“亲近母语，呵护童年”。我暗自以为，再添上四个字，更切当：

亲近母语，呵护童年，守望未来。

“母语的声音”

癸巳蛇年十月初一，西元 2013 年 11 月 3 日，上午八点半，颜彦台上授课。

从厦门大学哲学系修业七年以中国哲学硕士毕业的颜彦，本科二年级时与十来个同学一起修习我的《辩论与演讲》；随后的数年间，她参加了不少场次的大学生辩论赛，我则没少为一众学生耳提面命、指点迷津、临场压阵。毕业后的三年里，她在青少年宫任教小学生或中学生的课外口语课程，已经积累了相当多的知识与经验；有时，她也做我的助手，随我训练来自机关、企业的辩论队，颇受好评。这一方面，她自然算是我的亲炙弟子。这个时段，颜彦上的是一堂示范课，听课的是前来参加“亲近母语 2013 母语教育论坛”的百多位小学语文老师。

这个 2013 年度的“亲近母语论坛”，徐冬梅女士设定的主题是“母语的声音”。基于之前我和她的充分交流，她很有兴趣在小学教育中引入辩论这样的教学方式。在得悉颜彦的工作与能力后，她特意安排了这一次示范课，于“亲近母语论坛”展示辩论课程。颜彦的示范课分了两部分。前半,她向一群三到六年级的孩子讲辩论赛,从如何证明命题到怎么准备比赛;后半,她用一道辩题,“母语与外语哪个更重要”,让孩子们各自选择本真的立场,再以此组成正、反两方,比了一场表演赛。孩子们在辩论中似乎全不当这是表演,几乎是倾力投入,充满童趣与机锋。徐女士还安排了表演赛之后的互动,是现场的老师们向颜彦提问或交流。其间,来自阳光雨露教育集团的徐玲女士对颜彦的课程评价之高,实在令我意外。她说,“颜老师的课做到了三点:授人以渔,教给方法;授人以娱,寓教于乐;授人以宇,守望未来”。且当她的话诚恳而无虚好了,我可乐得由此欣然乃至陶醉。

冬梅女士所虑固深。她把公民教育融入到她所倡导与践行的母语教育中,而借由辩论赛这样的课程方式来提升辩论与思辨的能力,正是她的旨趣所在。颜彦便因此得了机缘,来到栖霞山下、长江之畔,一展其学养与风姿。这么额外地得了一方讲台的,还有我。

就《辩论与演讲》课,颜彦和她的同学们算是我的开门弟子。我后来归纳我对这门课程所定目标、我自己愿意参与学生们的校园辩论的心思,乃是“造就未来中国的意见领袖”。培养辩论赛中的“辩手”不过是我的教学载体,远非我的目的本身。冬梅女士知道我倾情于母语教育,遂商请我在2013年度“亲近母语论坛”上做最后的主题报告。于是,颜彦的辩论示范课之后,便是我登场了。

不过,冬梅女士惠赐给我的这一个小时,我自作主张地变通处理与使用了。这个上午,我的学生敏慧也因我而前来参与

“亲近母语论坛”。她以免试保送在两个月前入学南京大学,攻读法学硕士学位。这之前,我将敏慧推荐给冬梅女士,她已参与了“亲近母语”的一些课程研究。我期待未来她能为“亲近母语”承担更多工作,也为她自己的人生涂抹出她独有的色彩。我让敏慧这个上午前来,一是协助颜彦承担的示范课,二是在表演赛中担任主席以裨临场应对。若说冬梅女士在“亲近母语论坛”上安排了一台特别的戏,颜彦和敏慧则是出色的演员。在颜彦与小学老师们对话、交流的时候,我闪了个念头。我想让原本“戏份”不多的敏慧,独自演上一段。为了让敏慧略略能够在心理和思路上有所准备,我悄悄与敏慧指令,告诉她在接下来我的主题演讲的时段里,给她十分钟时间,向现场讲述她所经历的一门课程《辩论与演讲》以及于“言说演绎人生”之感触。敏慧只能领命而为。猜测,她是紧张与兴奋交织着的。

我得把这场“戏”编排得天衣无缝,有如水到渠成般。我落座,礼貌而诚挚地致谢冬梅女士与她的工作团队之后,说:

> 刚才我们听了一堂非常别致的课。我有恍如隔世的感觉。三十年前,我在厦门大学还是一名本科生的时候,在一位老师的帮助下,组成了厦门大学学生演讲研究会。我万万没有想到三十年后,因为我的一点点关系,有了今天我们看到的这样一次教学活动。二十年前,我在二十九岁的时候,开始担任厦门大学辩论队教练。我也没想到,有一天我好像可以用一种比较合适的方式,来帮助还只是十岁左右的孩子们,

学习用辩论的方式表达自己的思考。十年前,我开始给颜彦和她的同学们上课时,我完全做不到像今天台上的颜彦这么自如、从容、温和、亲切、有感染力。四年前,我给敏慧和她的同学们上课时,我依然觉得我对自己的课堂,没有办法很从容自如地去掌握和驾驭。所以,有时候我想,我们在生活和工作中不经意付出了一丁点儿的努力,日后会怎么样?这个结果或许完全不可预知。我想对于颜彦也好,对于其他学生也好,做老师的,在他们成长的路上和人生中所能做的,大概也不过是浇了一小瓢清水。作为人师,我这一点点水浇得比较认真,比较用心。以他们的潜质,以他们的禀赋,长到了今天各位看到的那样。

今天的"亲近母语论坛"以"母语的声音"为主题。我的两位学生和我一起来,参与到这么有意义的、关联着我们的未来的活动中。我想,我不是一个人,也不只是我和我的两个学生三个人来到"亲近母语"的平台和空间。应该是我所在的大学,通过我们师生三人和"亲近母语"一起,和在座的各位一起,做一件非常有意义的事。所以,我想用非常特别的方式,在进入今天的主题演讲之前,给大家另外的一些感受。我们今天的主题是"母语的声音"。在厦门大学,颜彦和敏慧们是每周唱着校歌开始她们的课程《辩论与演讲》的。我想先请我的两位学生再一次来到台上,我们一起演唱厦门大学校歌送给在座各位。

我和颜彦、敏慧就这么台上无伴奏地演唱了《厦门大学校歌》。这是我将我所理解的“母语的声音”展示出来。歌毕，我把敏慧正式介绍给在场的同行们，说，“她将以学生的身份，把她修课的感受简单跟各位交流一下，也许各位老师能够有一丁点儿的启发”。敏慧行礼、致意后，也很坦率地说，“老师临时加的这个环节，对于我来说，还是有一点压力的，因为太即兴了，完全没有准备。不过，谈一点体会的话，我就想到什么说什么吧”。敏慧倒是道出了实情。《辩论与演讲》本就是要训练学生们能够临场、即席言辞的，因为真实的语言场景里常常是无法准备地出言说话的；我这么只让敏慧略加过渡地登台说话，也是给她一个在我的课堂上绝对提供不了的语言场景来磨砺她。

敏慧既不是坐着，也不是站在讲台的后面，而是端正、雅致地直接面对台下比她年长了不少的小学老师，手持话筒，言辞温润，侃侃而谈。她讲她从修习母语的课程《辩论与演讲》中所获得的自信，能够“以一个比较好的姿态，站在大家面前，然后把我想说的，以最清晰的方式，不重复的方式，能够让大家获取信息的方式，把我想说的东西讲出来”。这样的自信，让她不再从众般地只知道去考公务员、去司法机关，而是乐意去做想做的、喜欢的事情，例如为自己规划未来读完博士做老师。她讲因为课程和辩论赛，眼界阔宽了，思考的局限少了。于是，对于一件事，做得好不好，有了不一样的判断；对于一件事，是否有意义去做，也有了不一样的判断。敏慧台上的这些话，也像是说给我听，告诉我怎样去看待与把握我自己开设的课程，甚至就是专门说给我听的。

我在敏慧说完后，对着我的同行们，说：

> 我让敏慧来现身说法，是为了引出“母语的声音”这个主题。不过我知道，对于敏慧来说，今天在这个台上跟各位说上十来分钟，对她来说是更重要的，当然也是非常有挑战的。我猜想过去她二十几年的生活经历中，可能从来没有遇到过这么大的场面，面对绝大多数比她年长、人生体验比她丰富的老师。所以，作为老师，我非常感谢在座各位给她这样一个机会，助成了她未来成长道路中的一部分。谢谢大家！

说来惭愧。到这个时候，我都还没有在直观上进入冬梅女士安排给我的主题。她原本指定给我的，是“通过母语自由地表达”。我天性上不是擅长完成命题作文的人，像是只会天马行空式地做没题的作文。我就照着本年度“亲近母语论坛”的主题——“母语的声音”来说话。我把“母语的声音”理解成三层含义：

第一，母语的声音形态。为此，母语教育就不能只在阅读和写作方面，还应该有诵与说两项。“亲近母语”多年来已经致力于引导孩子们吟诵了。我则展开说，教会孩子们对话，在对话中沟通，也许是更重要的。这便解释了先前辩论示范课的意义所在。

第二，母语作为声音的载体。在宏观层面上，这自然涉及话语权问题。我在这个论坛上，却撇下了话语权问题。倒不尽是这个问题显然极为敏感，而是这个敏感话题比较容易导致批判与激愤。我则更想冷静地反思“母语作为声音的载体”这个问题。我问，一者，“我们通过母语要发出什么样的声音”？二者，“当我们自由地表达，试图通过母语发出声音的时候，我们遇到什么样的难题，尤其是在今天中国的时代背景下”？这两个问题，直指中国当下现实。我提出警示，有一种声音，是没有温度与气息的，便是没有生命的。声音要想有温度与气息，便得表达每个人自己独特的情感世界、生命感受、人生态度，更得在发出声音的时候融入对公共生活的关怀与自觉的自我责任。

第三，母语本身在今天发出的声音。我说：我这几年尤其能够感受到，作为一个中国人，我在内心深处听到一道声音。这道声音不是来自我的父母，不是来自我的学生，不是来自这个时代和社会，它来自我们的文化传承，来自我的母语。我时不时的，很清晰而又强烈地感觉到来自母语的这一道声音……我们这一代人乃至于我们之后的几代人需要付出艰辛的努力，来守护母语的纯粹性和纯正性，以守护中国文化的纯正性。这样的问题没有解决之前，我自己总觉得母语今天呻吟着，在危机中。

我最后说的是：

> 我们具体而细微的工作，如何和这个民族的宏大进程，和整个人类的文明转向有关联呢？很简单，让我们用对母语的恭敬、虔诚、执着、热爱、持守来培育有中国根基的世界公民。以我们的绵薄之力来应对

母语的声音，以及由声音传递的声音。有一天，我想华夏大地可以传诵着从学童到老者清幽柔美的诵唱，诵读着我们历史悠久的华夏语言。那一天，那时候的声音一定会是另外一个声音。我想等到有这样的声音出现的时候，那个时候的人类，那个时候的地球一定是另外的样子。

我们今天用简单的主题"母语的声音"，来寄望我们的未来。在寄望我们的未来中，我们一起守望我们的未来。我很荣幸能够把我这样的想法说给大家，并且在未来，和各位一起为我们这样的目标，尽我们每个人应尽的一份绵薄之力。

母语的声音。

母语的声音。

教案写于大地

第二次到淮安，和第一次的目的、途径乃至季节都大不相同。第一次是在不甚了解下去的淮安，好奇心十足。西元2010年，寒冬里，结束了在苏州大学的中华名辩盟第十届国际辩论赛后，北向从高速公路到了淮安；两天后，经另一条高速公路，西南方向去南京，再返回厦门。第二次淮安之行，若就近，该是从南京直接去淮安。特意筹划的行程，却是从南京动车到了徐州，古彭城里“安营扎寨”之后，第二天乘坐旅客列车，自北东南向去淮安，当天夜里由火车返回徐州。这么舍近求远走一趟淮安，就是为了从不同的方位、以不同的交通工具到达与离开淮安。这和淮安的一段独特的历史有关。这时候，也正是酷暑之季。

顶着酷暑二往淮安，已经和好奇心无关了，而是为了备课。上一年，应西安交通大学的邀请，客座通识课程，我自定了讲题，“李琦观人类文明”。到了西元2013年，西安交通大学照旧邀请。略有不同的是，这一年开始，西交也采取小学期制，七月里的课程即在小学期里。我无意旧话重提,便以“李琦讲人文地理”为题。其中的“秦淮一线,中国南北”和“江河行地,人间情怀”两次课,促使我专门走一趟淮安,以及淮安之后河南境内的一段行程。

历史上黄河夺淮入海,使得今日徐州和淮安城里都有一段黄河故道。我一直很纳闷这样的自然事变或者说偶遇怎么就发生了,便非得走到徐州和淮安城里这地图上标明“废黄河”的河边,以一眼而见两河,再亲手拍几张照片,而不是从网上载下来了事。黄河和淮河之间的恩怨,本是我准备讲的。淮河上的淮安,正处在中国南北分界线上。几年前,地方政府煞有介事地在既是黄河故道也是淮河故道的不大的河面上建起一个“中国南北分界标志”。舆论方面虽有微词,终究也算是关联着“秦淮一线,中国南北”这个主题。我也就把它当了回事。

历史上说来,淮安之为南北分界,和运河有关。几百年的时间里,淮安以北的运河河道淤积难行,淮安遂变成了水陆交换中枢。南人走船,北人御马。北上者在淮安的清江大闸弃舟登陆,南下者则在清江大闸下马借舟。南船北马在此更替。这一段几乎为“天下中枢”的辉煌,除了文献记载,地面上完全见不到遗迹了。有鉴于此,今人在清江闸旁特意立了牌子,标示“舍舟登陆南船北马”,并撰文以记。不过,上次我走到清江闸时,还没有立起这个牌子。上次来淮安同样没有见到的是中国漕运博物馆。那时尚在建设中。中国漕运博物馆以“一个民族千年水上行走的智慧与故事”为主题,给我很大启发,让我在“治水”之外认识了华夏文明中“走水”的一面。这对于我后来讲“江河行地”,非常重要。这座中国漕运博物馆,是建在明清两朝的“总督漕运部院”公署遗址上的。这个集合了交通部、水利部、运河警备司令部的“中央部委”,居然不在京师,而是在运河流过的淮安,足以显示淮安的独特性。谓其“天下中枢”,不算夸张。这“天下中枢”,又恰在分了中国南北的秦淮一线上。有趣。

从徐州径直去了安阳。那是著名的殷墟,是中国能够实证的最早的都城。安阳也是甲骨文的发现地。按今日的说法,虽自来有“仓颉造字”之说,可以实证的最早的中国文字,便是甲骨文。我在西安交通大学要讲的人文地理中包含有“寻根问祖”一节。甲骨文够得上“根”与“祖”了。也因此之故,安阳立起了中国文字博物馆。可这座博物馆非常让我失望,无法触动我带上我的气息与情感来讲讲中国文化中的这一道。可惜。

从安阳折回郑州,为的是郑州附近“踩点”。先向北越过黄河去了王屋山下的济源。这里是济水的发源地,如今济水已不出现在地表了,至少地图上已经不标示这条河了。黄河在夺淮入海之后,一个半世纪前,又蛮横地北去夺济入海。今日的黄河下游河道,基本上即是济水河道,只留下了济宁、济南、济南诸地名。可是,其在古代,却是非常重要的,甚至是显赫的。济水与长江、黄河、淮河并列为四渎,即古人以为独流入海的四条河。如五岳建有岳庙一样,四渎也有渎庙。如今几乎只剩下济渎庙了,就在济源城里。这座济渎庙却非同一般。隋唐之后,这是皇家祭祀水神的庙宇,而且是在济渎庙里连着江、河、淮一并祭了,叫“四渎合祭”。“拜水济渎庙”。这就成了中国文化中相当独特又少有人知的一部分。

辞别济渎水神，正南向到了黄河南岸的孟津。历史上的武王伐纣会盟八百诸侯，就在此地。我不是追这历史烟尘来，而是要寻访一座很不起眼的庙，“龙马负图寺”。这和历史上的河图洛书有关。后人在当年伏羲遇龙马得河图之处，建起了这座实为伏羲庙的“寺”。一应大儒，邵雍、周敦颐、朱熹等，都留下了笔墨。盖因伏羲得河图而作先天八卦，文王羑里城演绎后天八卦，儒家以之为元典。中国人的历史观里，“人文初祖”是落在了伏羲皇身上的。我计划讲“中国南北”，是从“何处是中国”讲起的，又把“何处是中国”再具体化为“原初和原本的中国在哪里”。走一趟“龙马负图寺”，就是和这有关。

这一段时间的行脚，在大地上书写教案，最后去的是观星台。这观星台是七百年前郭守敬所建二十多处天文台之一，而且是可与京师的天文台同其规模的一处。在这处郭守敬的观星台，测量日光的，叫作“量天尺”。端的气派。这处观星台已经在三年前列入了世界文化遗产名录。然而，只把这叫作观星台是不准确的，甚至是大大失去了这一处文化遗址的丰富、深邃内涵。远在郭守敬之前，周公姬旦在完全相同的位置测量太阳影，以确定“天地之中”，由此以定王朝都城。唐人在周公测影处，建石台，定名“周公测景台”。如果这是真的，那么周公对“天地之中”的测定，得到了后来的“职业天文学家”郭守敬的验证。可惜，周公测影，无法实证其为真。由此，这一处遗址，便只得叫作“观星台”，而不是得自唐人的名字，“周公测景台”。奈何？

我对周公所定“天地之中”感兴趣,也是出于“何处是中国”这个问题。这个问题,又可以延伸出“何以称中国”。我在西安交大客串的课程,并不涉及“何以称中国”。待到稍后秋季开学,新学期的《阅读·理解·表达》,已打定主意要把这个问题交给学生们去思考的。

来日方长。

人生何茫茫，谁与普渡驾慈航。充吾爱于无疆——厦门大学校歌

第七折

钟响了，课未了

我的毕业季

这回要说的，并不是我自己毕业那个时节里我的经历、感受。

三十年前我毕业的情景，已快忘光了。大概是因为我虽然毕业了，可人依然还在学校里，只是身份上将从学生变为助教，所以并没有“离去”的感觉。或云无奈、伤感，或谓解脱、释放，我都没有这般心绪。只记得，我们的毕业餐，是在当时的竞丰食堂吃的。这食堂，大概算是厦门大学的所有食堂里名号叫得最雅的；这食堂，却已拆了有年，空地上现在是一片绿地。晚间的竞丰食堂里，身为系主任的盛师，和我们交谈，说他也看了诸如北京大学、武汉大学等其他学校的法律系的本科毕业论文，我们一点都不比他们差。然后，他站到凳子上以便说话。这凳子约略为方形，是我们学生寝室里一人一张配的。我们果然是坐了四年的“冷板凳”的。盛师站到这“冷板凳”上，提高了声调，“同学们，毕业了，干杯”。我到毕业的时候，还是没什么见识，远不如现在的毕业生。我听盛师之言，才意识到，老师请我们喝酒、许我们干杯,因为我们毕业了。这些年,毕业季里我说最多的一句话就是,“毕业生最大”,为此还常有为毕业的本科生或硕士研究生提壶斟酒之举。这心思,想来是当年盛师不经意地植入我身上的。

和现在的毕业季比起来,三十年前我的毕业季,实在是云淡风轻般,平淡、平静,简单、单调。“毕业大戏”是没有的,毕业音乐会更没有,毕业作品展同样没有;芙蓉六前的“练摊”想都无法想,砸酒瓶的喧闹与发泄则是真的不需要;哭别纵然也是有的,一定不会哭得像现在这么惨,至少男生不会哭。这些区别,折射了时代的变化。世风吹刮出了毕业季更多的伤感、惆怅,时光似乎也流淌出了毕业季浓浓的美雅与风情。现在的毕业季,就真的很热闹了。我呢,正好拿这毕业季的热闹,来补一补当初我的毕业季的“简约”。

毕业季里的海报栏,显然比平时拥挤得多了。音乐系的毕业音乐会,声乐的或器乐的,本科的或硕士的;美术系的毕业作品展,有中国画的,有西洋画的,有雕塑的;建筑系有毕业设计展,中文系有“毕业大戏”;等等。这些拥挤的海报,又很是多姿多彩,简直可以说使得海报栏姹紫嫣红了。这些海报对我是很有些吸引力的,各不相同的吸引力,每每诱了我专程前往。我完全没有艺术上的修为,所以无法品评这些音乐会、作品展、毕业戏的艺术水准,却清楚知道每一次由墙上的海报诱了前去,身临其境,都为之感动、触动。情不自禁下,遂写了点东西,献给毕业生们。写着这些献给毕业生的文字的时候,于我,毕业季便不只是他们的了,也是我的。

在我这么置身于毕业季的热闹里之前，我自己也制造了些毕业季里的动静。想来，若不是我自己也在毕业季里制造了些动静，面对毕业生们，尤其在他们感动、触动了我的时候，我一定会心生惭愧的。所幸，我不仅用我的文字赞美、感谢、祝福毕业生们，也添了些毕业季的热闹送与他们。

西元2011年的毕业季尚未来临时，我的念头非常强烈，“为毕业生们讲点什么”。事出厦门大学九十周年校庆。校方看来是极尽排场地办这场校庆的，说堂皇之举不为过。我恰是对此深为反感，然而一介布衣，所能做的，也只是坐而论道，或称之为清谈。图书馆三楼，有心之士伴着藏书辟出一块空间，供讲座之用。我就着这书丛间不大的地盘，借校庆的主题，以“校庆追问：我们凭什么校庆”、“校庆追思：我们离文庆校长有多远”和“校庆追忆：我眼中的那抹学统余影”，组成一个校庆系列讲座。之后，自以为还该做点事送别毕业生。几番斟酌，打定主意，依然用图书馆书丛间的地盘，做个“致毕业生”的系列讲座。讲座以“悬浮式生存：中国宏大历史进程中的个体窘困”起始，以“半生六言”为继，终于“诗性生存：一种接续传统的可能生活”。正巧，超星数字图书馆此前与我联系，愿意录下我所有的讲座视频，以图惠及更多学子。这个“致毕业生”的系列讲座，承蒙超星数字图书馆青睐，得以和更多的年轻人交流，带给他们一些启发或帮助。

半年之后，我得了机缘，应清华大学出版社的约稿写作《与学生书》，遂把这个系列讲座改写为文字版，以表达“相送学子”的主题。到了2012年的毕业季里，我和出版社商量，赶在毕业生离校之前将《与学生书》成书面世。感谢责任编辑朱博士玉成其事，在临近七月，厦门大学的毕业典礼之前，有心的毕业生便得以在离校时以一册《与学生书》随身作伴。这一册写给天下少年的书，原也是芙蓉园的书生最该静读的。西元 2012 年 6 月 29 日，《与学生书》签售于群贤楼中厅，校主嘉庚先生身影下。许多毕业生正是毕业典礼之后出了建南大会堂，移步群贤楼。着实盛况一时。

这“半生六言”，也是有“前言”的。西元 2009 年 6 月 20 日，我自行向校方借了行政楼里的会议厅。这行政楼，官方的名称是颂恩楼，为的是感念校主的恩德。以颂恩楼为主的这一组楼群，也相应地取名嘉庚楼群。我借行政主楼的会议厅，只因这是“颂恩楼”；借会议厅的目的，则是为毕业生上最后一课。此前，我偶遇辛辛印象工作室的郭隆兴同学，他读研一。通过他，制作了一批海报张贴于校园。海报标示的是一场“致毕业生”的讲座，题为“最后一课 · 六句话”。我寻思，毕业意味着修业完毕，本不用再上课了。可是，面对未来的生活，专业素养、课堂所授，终究极为有限。做老师的，还有什么该对学生说、能对学生说的？于是我总结自己的生活经历、生命体验，归纳为六句话，与毕业生话别：

> 人生没有捷径；
> 敬业是美德；
> 舍得即人生；
> 有个性并请有教养；

学会无知与敬畏;

时刻保持为心灵而阅读的热情与热切。

这定位为“最后一课”的讲座,是唯一一次我自己一手操办的。没有人邀请,没有人处理具体事宜,连宣传都是我自己做的。只有墙上的海报是学生去贴的,而印制海报的钱则是我自己掏的。后来就没再动心思这么自己给自己开讲座了。那个晚上的颂恩楼报告厅里,我非常意外,应者寥寥。一眼看去,不是座无虚席,而是举座皆虚。看来,毕业生们是不需要在行前有老师来上这“最后一课”的;看来,毕业生们忙于行前的热闹、伤感,根本就顾不上好事的老师多出来这“最后一课”的。这个夜晚,我情思俱付,只有古刹静听、鹭江动容。也罢。我自管做我能做的、该做的。

那时,我是用了很重的心思,动念自己办一场讲座送别毕业生的。于2009届的毕业生,紧随2008年的全球性金融危机之后,就业不易,人生便即刻艰辛起来。我看着,不忍,焦急,却全然无能为力。这“最后一课”,铺不了他们行走的路,栽不出他们纳凉的树,只求能略略相助于将要出行的年轻人,帮他们有所宽怀、纾解,添点安慰、温暖。这份心思,2009年年初即已生出。想着将要远行的年轻人,能否快乐而高贵地毕业?人生迢迢,生命如何可得安顿?这一番心思,催生了后来的《毕业颂》。

《毕业颂》写完,校园里撞上摆摊的郭隆兴。与他谈起将《毕业颂》制作成卡片版的设想,经历了本科毕业的他非常赞成。他和他的团队,包括他请来美术系应届毕业的方莹同学挥毫手书,制作了非常雅致的《毕业颂》卡片版。毕业季里,卡片版的《毕业颂》以每份成本价两元在校园里售卖。2005 级修习《辩论与演讲》的十来位同学也在这一年毕业。赵照领着倩文、思同诸人,拿《毕业颂》摆摊。前后也只卖出去二百来份,着实让我意外。说来有趣。我当时要隆兴印制一千份,他却担心"销量",只建议制作六百份。后来折中了,八百份。至今,我面海的办公室里,还静静摆放着数量不少的《毕业颂》。这几年,每每在学生们的毕业周年会上,我会相应地带上几份,以为礼物。岁月使已经毕业的学生多了些珍视,而正在毕业的青春年少的学生,大抵顾不上这些。

西元 2009 年我的毕业季,那么有创意的一道道心思,平静地淹没在热闹与喧嚣中,恰如小石入深潭。

古刹静听、鹭江动容。

为学生司仪，于毕业典礼

比这早几年，毕业季里我确实是制造了大些的动静。

西元 1980 年我入学时开学典礼是有的，四年后却没有毕业典礼。这情景大概持续了二十年。到了西元 2002 年冬天，渐渐累积起来的思、虑，竟至于我深为学生们没有毕业典礼就毕业了而不安。那是何其简慢了学生，又是何其草率于志业。岂能不以为这是为人师者之失职？所失无如天职。遂与执掌法律系系务的柳经纬教授商议。这位以历史学出身复精通民商法学的同仁，再一次一力赞成我的提议。2000 年，他接受我的设想，并促成了我自 2001 年秋季起给法学专业的本科学生开设非专业性的选修课《阅读 · 理解 · 表达》。若非这么独特的《阅读 · 理解 · 表达》，我的粉墨生涯顿然大失颜色；若非他的理解与助力，这么出格的课程也是难以开设的。

我和柳君商定，2003 届的本科毕业生和硕士毕业生分别举办毕业典礼。不意后来却多出了跌宕。2003 年年初，大规模流行“非典型性肺炎”，国人闻之色变，举国倾力抗击。官方为稳妥起见，严控集会，甚至连原本为法定假日的“国际劳动节”也取消了，改为工厂照常开工、机关依旧上班、学校继续上课。若从我的专业见解来说，勉强可算“紧急状态处置”；若从疾病防控的角度来说，是否有点风声鹤唳，无从知之。柳君当此之时，带着无奈地和我说，毕业典礼只得取消了。他既如此说，我便更为无奈。到了五月中下旬，我还是不甘心，筹划中的毕业典礼，就这么被“小小的虫子”给坏了。于是，抱姑且一试的心理，以从未有过的正式形式与正式口吻，用电子邮件与柳君相商，力陈不必因那“非典”而延宕了毕业典礼、多添出学生们的遗憾。几乎夭折的“厦门大学法律系2003届本科毕业典礼”总算得以如期举行。

主意既定，我更向柳君和其他同事自荐，由我担任毕业典礼的司仪，也由我设计毕业典礼的典仪。我一面以为非我莫属，一面以为责无旁贷。各位同事自是欣然同意。我无从观摩、参照，也没有费力搜集文献、资料，只按照我对毕业典礼的理解，设定典仪如下：

全体起立，诵唱厦门大学校歌；
校长致辞；
毕业生代表致辞；
系主任致辞；
教师代表致辞；
校友代表致辞；
家长代表致辞；
毕业生逐一上台，授予毕业证书；
全体起立，再次诵唱厦门大学校歌。

就此典仪,也略有异议。同事顾虑,官方有正式集会奏国歌的要求,是否毕业典礼以国歌代替校歌,或国歌、校歌并举?我决然否定了。学园里的毕业典礼,是文化的、民间的,与政治的、官方的无关,国歌不仅不必有,也不能有。我当时打定主意,若同事们共议而成"公议",非有国歌奏起不可,我也不怕。我是司仪,台上话语权操之于我。我径直把国歌略过去,只诵唱校歌。我难免会出点差错的嘛。

这是自1978年中国重建大学制度以来厦门大学法律系的第一场毕业典礼,也可以说是厦门大学自1978年以来的第一场毕业典礼。这场毕业典礼上,我为司仪,不独是我此时已身为一应毕业生的任课教师,也是我实为1978年后厦门大学法律系的第一届毕业生。据我毕业相去约二十年,由第一届的毕业生充任第一场毕业典礼司仪,并厘定典仪,不无巧合中含了象征意味。那天作为校友代表前来并致辞的,是当年我同一寝室四年相处的林君。他正在某中级法院院长任上。这礼堂,就很像是折射了中国二十年的变迁。

也因为是厦门大学的第一场毕业典礼,毕业生们在这个时候还来不及穿上本该美美地穿着的学位服。这使毕业典礼少了原本不该少的仪式性元素。男生们穿着衬衣,女生们多数是裙装。这之后过了两三年,芙蓉园里才开始出现毕业季里毕业生们穿学位服集体照毕业照的场景,才看得到三三两两结伴的毕业生飘动着学袍满校园留影的"动画"。也是这之后,校方才开始举办全校性的毕业典礼,尽量照着西式的毕业典仪,穿了学袍，由校长扶正流苏。

次年我依然担任毕业典礼司仪，此后不再。说来很遗憾，这两次司仪，我都还是按照西式的标准来着装的，所谓“西装”。那也差不多是我最后穿西装的场合。这十年来，我已经在正式场合只中式着装了。2005 年，曾专门以电子邮件向校长建议，厦门大学的学位服，该最大限度地展示中国元素与厦门大学自己的风情，不必乃至不可按西式袍子定厦门大学学位服。可惜，至今所见厦门大学学位服还是纯然西式袍子。殊无美感，更少别致。

那个盛夏的午后，窗外的天风海韵在阵阵炎热中悄然窨染着凤凰花影下的礼堂。在厦门大学校歌的环绕与衬托中，我逐一念出每一个毕业生的名字，同学们随之登台，从师长手上接过毕业证书，回身向座中的同学、老师、亲友鞠躬致意。每一个瞬间，都是独有的；每一个瞬间，都是定格的；每一个瞬间，都是凝重的；每一个瞬间，都是欢欣的。

这样的毕业典礼，授业之师充司仪。这一具象，毋宁是暗含了毕业与学业的勾连。每一个毕业生，是否在毕业的欢欣中真正欣慰于四年来问学勤勉而无愧？又是否因学业上曾经有所简慢而此时略略生出自责之心？我不知道。那个时段，我肃立台上，清晰地、轻缓地道出每一个毕业生的名字，像是再一次讲台上点名。每一个名字，像是一个又一个的点，合起来，成了一串省略号，喻示了他们走下台后无限的人生可能；又像是一条无形的线，把他们与母校牵连着，不曾断。

毕业了！也只是毕业了。

学子自此行。

毕业季，凤凰花开有别样

献给厦门大学2012届全体毕业生

五月中的周五晚上，我去了久违的鼓浪屿音乐厅。同行的是我应届毕业的硕士生苏畅。按目前的情形，她该是我指导的最后一位硕士研究生了，即通常所谓的“关门弟子”。这样，这个毕业季，随她毕业的，还有我“毕业”，我作为硕士研究生导师“毕业”了。这一趟专程去鼓浪屿音乐厅，也正和毕业这个主题有关。

和国内绝大多数的大学不同，厦门大学是有艺术学院的。在天风海韵中这就平添了一丝风雅、别致。艺术家和学习成为艺术家的学生们，常常在暑期举办音乐会。我这艺术的无知者，也偶有去熏染一番的举动。每每看到美术展、音乐会的海报，就很觉得欣然，以为这才是大学；甚至以为我这一生也算不虚了，将肉身安置在这么一处所在。有艺术学院的厦门大学，每个毕业季里，都多了些美意象。毕业的学生们，音乐系的，开个人音乐会；美术系的，办个人作品展。别人或许只以为多了些热闹，在我毋宁是整座校园由此更灵动、更明媚、更青春、更曼妙。我感谢同学们的才情。有艺术学院的厦门大学，这二十来年里，又巧得将法学院与艺术学院相邻着。这一空间格局，数年前促成我写就《法律与艺术：通连与一致》，这一回又铺垫了我写下这一通文字。

这个夜晚在素有“音乐之岛”美誉的鼓浪屿的音乐厅里举办的，便是厦门大学音乐系2012届本科毕业生李子珂同学的个人古筝毕业音乐会。我看了墙上的海报，起意前来。海报制作得不乏古雅，李同学盛装的照片印在海报上，有几分唐代仕女的气韵。整张海报的色调，是大红色的，很吸引目光，明艳、灿烂，直似凤凰花的火红、浓烈。李同学或独奏或合奏或协奏的曲目，先后为《月儿高》《箜篌引》《幽灵公主》《望秦川》《云之南》《溟山》和《西楚霸王》。《望秦川》是曲作者感念师恩所作，李同学借此表达对授业之师的深情。整场毕业音乐会，也展现浓浓的同窗情谊。音乐会中先后出现的中国乐器中的琵琶、二胡，西洋乐器中的小提琴、大提琴、钢琴等，以及筝协奏曲中的二筝、三筝、四筝，在我看来都快成一个乐团了。另有学妹以一曲《火把节的快乐》为中场之声。这场本科生的毕业音乐会，没有任何排场、架势，却完全不单薄；我猜想，同学们在艺术上远未到化境，台上她们又显然是从容的、自如的，甚至游刃有余。那一曲《溟山》，入我耳中，起始即慑人心魄，雄浑、刚劲。我这音乐的浅薄者，本以为筝在中国乐器中是女性的。这一下，一曲《溟山》，让我知道她释放出男性的气息。这一曲，牵走了我的心神，竟至压轴的《西楚霸王》我已充耳不闻了，演出全部结束后我还难以回神、动身。想起来,还是近二十年前我有过类似的音乐体验,为当时深巷中淘得的一张金石之声而失魂落魄。

我置身鼓浪屿音乐厅,耳闻声声曲调,心思却不时越过时空界限。厦门大学建校伊始即定下服务社会之目标,校徽所含便有这一层意思。早期的厦门大学教授多有从五老峰下渡海到龙头山下的,为鼓浪屿的平民夜校授课。这一晚,我眼中所见,李子珂们的音乐会也能座无虚席,恰是近百年后厦门大学的莘莘学子续了前贤情怀,将所学、将才情、将青春奉献于民族与时代。这一下,我为她们所感动,为她们而无比自豪。这些稚嫩的、未来的艺术家呀。1945 年,日祸甫去,厦门大学旋即复学,成中国大学战后复学之先,却是校舍毁坏严重,唯借鼓浪屿民房而专设厦门大学新生院。今日承平之时,芙蓉园的毕业生,假鼓浪屿音乐厅,为毕业之奉献,为学业之展现,不也是别样地演绎了当年新生院的意象?

头天晚上,另去了一场毕业音乐会,地点就在音乐系的小音乐厅。也是一个李同学,不过是个硕士,修的是声乐。海报上的李同学,一袭长裙拖地,款款的西洋风情,一般的引人注目。李同学的独唱音乐会,上半场是六曲西洋音乐,下半场是五首中文演唱的歌曲。演唱完毕,李同学深情致辞,表达她对学习了三年的大学和老师的感激。她的音乐会的主题,也正是“感恩厦大”。我想,她是添了这所即将成为她的母校的大学一丝欣慰的。李同学致辞后,她的指导教授也应邀上台致辞。现场所有的人都很容易听得出来,侯教授的一字一句都含着她对学生的真切爱意和对教师这一职业的恭敬。她问她的学生，在这个毕业演唱会上，“你有什么要对我说的，除了感谢？”或许这是李同学没有料想的问题，又或者李同学还沉浸在她的情感中，她没有回答老师的问题，而是与老师轻拥以作答。浓浓的、融融的师生情谊。做老师的，还另说了一番话。她肯定了这个学生极好的天资，也指出她在毕业独唱音乐会上曲目安排不得当，使得她没有达到更好的演唱效果，等等。我听着，便很敬佩我的这个同事。她没有把毕业音乐会纯粹当作表演、当作学生学业中的句号，她把这毕业音乐会当作了一个教学环节，一个不可少的教学环节，谆谆教诲于自己的学生；她没有在学生的毕业季里卸下自己为人师的责任，依然细致地恪尽职守。

和我的同事侯教授不同，我完全不识音律，但是我熟悉我的母语。一个多小时的演唱会，上半场我处于通常所说的“听不懂”的状态。当然这个夜晚这一点对我并无影响，我本就不是为了“听懂”音乐来的，我其实是来看毕业音乐会的。下半场，我却像是有点“听懂”了。我寻思，为什么用中文演唱的歌曲，歌词我依然没听清，我却似乎听得懂？我猜测，答案可能在中文的特性上。一音一字的中文，在演唱的时候，自有我熟悉的韵律感在其中。我纵然不明了歌词的意思，这本可以无所谓的，也还是能够由此品识、领悟借节奏感所传递的意境。对于“音乐”来说，这却也足够了。我再想，一种语言，我们称之为母语的，果然是我们与之有天然的、本能般的通连；借着我们和母语的天然的、本能般的通连，生命便另有一样的安放。这便也解释得了为什么在十几年前报道说，法国当时立法规定电台和电视台所播放的歌曲中以法语演唱的歌曲的比例不得少于百分之四十。那是为了守护法兰西文化。

我在同事侯教授所演绎的师道和由母语感悟生命安放所带来的感怀中步出音乐厅,走到了美术系的展厅门口。这时,展厅里举办的是随潘教授修中国画的林同学和薛同学的硕士毕业作品展。我如同不识音律般不通画意,却依然步入展厅。我不是来看作品展,我是来看毕业展。林同学和薛同学分别选取了都市生活中的一个片段,公交车站和超市,以中国画中的水墨画和写意画演绎之。我只能就毕业展和毕业这件事与她们聊着,无法和她们谈论光彩、线条等。林同学商请我为她留言,我不便推辞,也乐意。遂写了几个字:

才闻雅乐,又遇光彩。愿这朵静默的凤凰花,留下一丝花语,在毕业季的芙蓉园。

我何出此言?往常的毕业季里,芙蓉园盛开凤凰花。这极通人性的花儿,仿佛也在为毕业季献歌,也在应和着少男少女的青春、曼妙,也在与将要踏出校门的毕业生们依依作别。可是,这个毕业季,因了一直气温偏低,凤凰花至今迟迟未见花蕾,更别说枝头绽放了。莫非,这一季的毕业生,他们的身形中就要少了这一道花影?莫非,这一季的芙蓉园,无端便失了昔日的缤纷与花语?若是如此,别说毕业而去的年轻人不免生出无奈和遗憾,我也很是无奈和遗憾,为他们、为我、为毕业季、为芙蓉园。

那一日,浏览墙上海报,触目处猛的有惊艳的感觉。细看,竟是音乐系的学子各式毕业音乐会,有器乐的,有声乐的,也有诸人合作的。海报都很美雅、可观。好几张如此这般的海报同时出现在海报栏上,又不时更新了。这些景象入了我眼中,恍然是一朵朵凤凰花,在这初夏时节盛开了。却原来,这一季,并不少了凤凰花影。在这些争奇斗艳的音乐系毕业生的海报中,并列着美术系毕业生的海报。他们开毕业画展。这些海报,另一种风情,清新、淡雅。眼见着这些美术系毕业生的海报,我顿然觉得在已经热气腾腾的夏日里,一丝清凉袭身而来,无比舒畅。我知道,毕业音乐会的流韵中,美术系的毕业作品展如静默的花儿,怡然绽放。

感谢毕业季中芙蓉园所有的毕业生,他们倾尽才情和心神,为老师和学弟学妹留下了他们别样的花影和花语。

群贤楼的燕尾,闽南独有的屋顶,若飞若动;三月木棉,鲜鲜活活地拥过来,年复一年。

毕业季，世上最美的地方，叫大学

献给厦门大学2013届全体毕业生

癸巳蛇年芒种，西元2013年6月5日，晚上七点半。高挑的音乐系毕业班女生苏珊娜用她轻缓、柔美的声音宣布，“李子頔小提琴独奏毕业音乐会现在开始”。一袭紫色长裙，随话音落下而退，携去典雅、风情。李子頔与钢琴伴奏联袂登场。李诗蓝，这名字，最是衬了这一座拥高望海的艺术学院的好意象了。她为子頔伴奏，一身黑裙，端庄、沉静。出场的子頔，左手执琴，右手轻提裙子。她绾起长发，饰以白百合。长裙拖地，淡淡地绿着，像极了百合的叶。清新、飘逸。消瘦的身形，更显出清丽。不待子頔和诗蓝指尖送出音符，单这紫的典雅风情、黑的端庄沉静、绿的清新飘逸，已是美不胜收了。

《G大调小提琴奏鸣曲》，是莫扎特为母亲而写的，明快、温暖。这是子頔的开场之声。想来，这样安排毕业音乐会曲目，是暗含了即将毕业的子頔对母校的情思？第六曲《帕格尼尼随想曲第24首》，是小提琴演奏中难度非常高的。唯其如此，才足够展示学业、演绎才情的嘛。临近终场,导师赵纯副教授为第一小提琴,子頔为第二小提琴,师生以三段短曲献给观众小提琴二重奏。也许是老师带给她安心,子頔像是更加从容、自如,整个人的表现力明显增加,她的音乐进入了“可观”的状态。压轴之曲,是著名电影《闻香识女人》中的音乐《一步之遥》。导师领衔,加上一众学弟学妹的小提琴、中提琴、大提琴、手风琴,场面顿然盛大。子頔的表现也更显活泼、娇媚。我依然像很多次在毕业音乐会上一样,滤去声音,试图纯粹用眼睛去感受音乐。视觉中的李子頔,宛如一尊艺术女神。她可还只是本科毕业季中的一个女孩儿呀。

我“闻声识子頔”,是在另一场毕业音乐会上。两个星期前,《晴声飞扬》的张雨晴毕业独唱音乐会上,李子頔友情演奏《G 弦上的咏叹调》。专修民乐的张雨晴,以演唱孟浩然的《春晓》和王维的《阳关三叠》开场。这让我非常喜欢。雨晴的演唱曲目算得丰富、多样,包括两首歌剧选段《一首桃花》和《离别之歌》。将中西文艺融汇,这几乎是毕业音乐会的常景了。她的节目单上,专门写下献词:献给美丽家园,献给父母、师长、亲友。演唱之后,雨晴一段声情并茂的叙述,表达了对父母的情意。她尤其动情而泣言,坦露学艺术的孩子要承受常人难以想象的艰辛而他们的父母也要因此付出巨大的牺牲。我无法感同身受她和她的家人的艰辛与牺牲,却也能由此添了体会,知道这个凡俗世界借艺术演绎抽象、空灵、超越,非得有这么一群人,在痛与快合一的磨砺、淬火中有如凤凰涅槃,才能神像般展示神性,妆点、提领我们带有缺陷的凡俗生活。雨晴以一曲《报答》来报答生养她的父母,将温馨的亲情和纯净的人性送入每一个观众心中。

雨晴最后一曲是《老师,我想你》,献给老师侯莲娜教授。她口述师门受教,也是感人至深。她说,她是学生,却也如老师的女儿,得了老师无微不至的教诲与照顾。这为师如母、名徒实子的师生之情,是浓浓的华夏心、中国情。百多年前,德国思想家韦伯已痛感于现代性所造成的师生间的关系从情感转向理性。雨晴所营造的场景,摒弃了现代性的流俗。我听雨晴的歌声,她对老师的感激、不舍,尽显于她满含泪水的歌声中。想象着,未来的某一天,即使雨晴也到了她老师现在的年龄,却也依然想念着她的老师,而她也许又正为另外的年轻人所感念。

这场独唱音乐会,另外让我惊艳的是海韵琵琶乐团。刘睿一年前修习我的《公众表达》,也是今年毕业。我错过了她那天的琵琶独奏毕业音乐会,因了两个分别在北京和上海执业的学生同时回到母校,约我见面。这个晚上,包括刘睿在内的一群姑娘,怀抱琵琶不遮面,将《伊犁的早霞》和《自由探戈》送给观众。用音乐表达的这个刘睿,和随我学习口头表达的刘睿,判若二人。她的演奏不是用指法,而是用她整个身与心。我后来说她,“手上的节奏和内心的节奏吻合,内心的节奏延伸与外显为手上的节奏。音乐便也可以看,而不是只有听了”。

我虽然错过了刘睿自己的毕业音乐会,却也在更早的时候听她特邀演奏《秋月吟》。这是在她的同学方璐的古筝独奏毕业音乐会《盈盈一水间》上。《寒鸦戏水》《枫桥夜泊》《四段锦》《箜篌引》《敦煌唐人舞》《黄梅戏韵》以及取材于余光中的诗的

《盈盈一水间》诸曲，纯粹的中式风雅。方璐更是在弦调指韵之外，用她自己，将中国风情尽释。及地的褐色长裙，带着金属般的光泽；上衣是旗袍领的短衫，鹅黄色，绣着丹顶鹤。这一身衣裳，与她身前筝的色泽、她脚下地板的颜色以及她周身三面墙上木材的色调，极为谐和。她的五指，蕴五音、藏五形，拨、滑、挑、拈、弹。她的双手，在琴弦上起落、开合，就像是在虚空中纵横、翻飞。而落指前的静默、指动间的停顿，她如一尊坐像，把流动的听觉符号，凝固为视觉符号。她幻作一尊坐像时，我眼里是静到了极处。这一道视觉符号，真是滤去了尘世的杂碎、鄙陋、喧嚣、轻浮，遂有这绝代风华、万千风情、曼妙风雅。也许，这就是艺术的神妙吧。它将实在的现实符号化，也将符号化实在现实的人符号化了。符号状态的方璐们，便如一尊尊的艺术女神，展现出她们各自具象肉身之外的另一面。这也恰是中国文化的奥义。超越与神性，潜藏在凡俗的肉身中，不必定外向于玄幻的天国。

我眼见是静，心思所及却是动；于这动，又很不明所以。那早春时节，种子在地里开始吸收养分，然后发芽，从地里冒出来，生长，雨淋风侵、日晒沙袭，终至开花结果。我只见得这一刻的花香、果实。这之前的一应跌宕起伏、磨砺淬火，我都不得见、不知晓，也可不必见、不必晓。这一刻，我只要怡然享受耳闻、眼见、心悟的美意象即可。托了学园里安身立命的福，沾了毕业季的光，得了“女神们”的赐，才能如此的。

初夏的毕业季，分明已由年轻人演绎为秋季了。不是只有在秋的时节才有果实、才能收获吗？初夏的芙蓉园，已是硕果累累了。姹紫嫣红的繁花满枝之外,更有无形的果实,由一众年轻人,领了同学、亲朋、师长去领略、摘采、收藏。一台又一台络绎不绝而来的毕业音乐会,就是这初夏里的秋实;一场接一场接续不断的毕业作品展,也是这初夏里的秋实;还有,图书馆馆藏的一篇篇学位论文,无声不响、有质无形。

这世上,有几处地方,能这般秋实伴夏花同在、收藏与耕耘并行?

青春的果实,也沉甸甸地摆在建南大会堂。原创话剧《黑苹果》是“毕业大戏”中的一出,在建南大会堂连演两场。剧中,三个分别学管理学、法学、物理学的学生,因心无旁骛于学业并总是“雄居”学业第一而为“学霸”。有一天,他们一起遭绑架了。绑架者对三个“学霸”讽刺、嘲弄,鄙夷、轻蔑。讽刺、嘲弄他们只会自私自利而毫无人生意义,鄙夷、轻蔑他们屈服于家庭与社会,甘愿放弃了志趣与梦想。剧情高潮处,绑架者高声:

> “我就是你心中最恨的东西,我是告诉你只有好好读书才能找工作的社会,我是强迫你不能当演员只能去读书的内心,我是耽误你爱好的人群,我是扭曲的教育制度,我是充斥着功利思想的学校,我是你虚伪的卑鄙的同学。快,杀死我吧,杀死我吧!别怕!我不是绑匪,绑架你们的不是我!不是我!你们听着!不是我绑架了你们,我没有绑架你们,绑架你们的是什么?是当下的教育制度,是如今的社会,是你们自己!你们的身上被缠着无数的永远解不完的绳子,你

们深陷在永远挣脱不开的枷锁中,我要帮你们摆脱束缚,我要帮你们取得自由!”

剧终,谜底揭晓,绑架者竟是一个身为富家子弟的“资深学霸”。他以自杀“帮助”三个“现任学霸”重获自由。

《黑苹果》的编、导、演,来自中文系2011级戏文班和全校不同专业的爱好戏剧的同学。我看这一出原创话剧,生出几分欣慰。不是欣慰于剧情所展示的现实,也不是欣慰于编、导、演的才华,而是欣慰于《黑苹果》所包含的冷静、理性与反思。剧名“黑苹果”即是隐喻。苹果或青或红,或由青转红,总不会是黑的,也不该是黑的。本如苹果般的莘莘学子,却不幸“黑了”。《黑苹果》是青春的辨思与呐喊,是对绑架了青春的家庭、教育与时代的控诉与鞭挞,又暗含着反抗与挣脱束缚的无力与无奈。这一番辨思与呐喊、控诉与鞭挞,本该是最青春浪漫、最思想活跃、最个性张扬的年轻人在举手投足间就能够透露出来的,可实际上,这一代人,整体性地“忙于庸碌”,过早地去模仿成年人的世故,这些掷地之声、仰天之问,竟然难得一闻。

我步出建南大会堂,却无法从《黑苹果》给我的触动中出来。正好是个清凉的夜晚,便校园里随意走着。不由自主的,走在了群贤长廊上,感受着夜渐静、人见空的群贤长廊独有的意境。走过集美一(105)教室,赫然见着黑板上写的是“竹蜻蜓支教队第十次例会”,便停了下来,悄悄地在教室后面旁听着。我是两个月前知道这么一个厦门大学在校学生组成的志愿者组织的。几年里,他们用暑期的时间,去藏区支教。此刻教室里有三十几个学生，会议的主题大概是安排将要到来的暑期支教事宜。发言的同学黄晓伟，学美术的，巧的是他正在修习我的《公众表达》。晓伟的一句话很打动我，“我们人手不够”。我由此知道，他们一定要克服很大的困难，才可以把志愿支教这样的事情数年来坚持着。晓伟们带给我另外的欣慰。他们在用自己的青春，贡献于这个时代；他们在用自己的行动，为这个转型中的社会添一分生机与活力。这样的生命态度与悲悯情怀，正是建校伊始即流溢于芙蓉园的。他们此刻身后不远处，校主静默矗立着。

我旁听到他们会议结束，继续在群贤长廊走着。从长廊向外看草坪，高大的木棉树，早已过它的花期了。过了花期的木棉树，枝头才长出满满的绿叶，与木棉花盛开时的浓烈、奔放不同，尽显生机。树枝上轻轻地飘落木棉絮。白白的木棉絮里，裹着一颗小小的黑色的木棉籽，不了解木棉的人不经意是看不出来的。这便是木棉的果实。木棉絮落在草地上，竟像是淡淡地覆盖了白雪。夜色里，看起来柔和、安宁、纯净、圣洁。星移斗转间的生命韵律，此时以静默铺展开。

毕业季，木棉飘絮，飘落草地。碧草白絮，恰是青春意趣，连天地。

秋实伴夏花同在，收藏与耕耘并行。

毕业季，潮去潮起

献给厦门大学2014届全体毕业生

大洋之滨的厦门大学,每天里潮去潮起;五老峰下的厦门大学,一年中春华秋实。

甲午马年四月二十三日,西元2014年5月21日,晚上近九点,我下了二年级研究生的《法律谈判》课,匆匆赶往相距两百米的艺术学院音乐厅。此时,本科2010级舞蹈班的十六个年轻人的毕业演出,已临近结束。我很意外,这一晚的音乐厅,爆满了,不仅座无虚席,而且过道上、舞台前尽是观众席地。我自叹不巧,当晚有课,不能分身;我暗自庆幸,这台毕业演出居然是八点开始的,我还能赶个小半场。

海报上,这台毕业演出,名为“吾夏舞厦”。有毕业季的夏天,自然是属于他们的;夏日里他们舞动,便把他们的大学、把大学所在的这座海岛,也舞动了。节目单上的一段文字,是这些毕业生在身体语言之外另为表达:

2010是一个年份,
代表着这么一群人记录了那么一段事;
四年是一个轮回,
我们慢慢走进,我们即将离开;
十六是一个数字,
从素不相识到相扶相伴,
默默的在舞蹈室里挥洒汗水,
用最好的姿态和笑容呈现于舞台。
舞蹈对于我们,
是一种语言,是一种情绪。
厦门最热烈的夏天,
我们在这里起舞。
我们从夏日里相聚,
我们从夏日里挥别。
吾夏舞厦。

他们最后的节目,正是毕业的主题,“放心去飞”,十六个人同台。他们用舞蹈再现校园生活,表露毕业情思。渐渐地,这些毕业演出中的毕业生,眼里涌出青春的泪水,慢慢在脸上流着。这是艺术的离别与真实的离别在他们身上、在他们心里合二为一了。

离他们毕业演出的舞台数百米处,即是海岸。这一天,他们的毕业演出开始的时候,也是海水平潮后开始退潮的时候。海水走了,去寻远方的岸。那远处的海岸,便因此而涛声阵阵,便因此而饱满丰盈。岂非另一样的月亏月盈？在这月落月升中，亲吻过远岸的海水呀，总是又回到先前出发的岸。他们何曾真的离开？潮起潮去，潮去潮起。

潮去潮起的这一处海岸，是典型的沙岸，有连绵不下二十里的沙滩。每回潮水涨上来，总是波澜不惊。涛声很轻柔地飘入耳朵，浪花则是细腻地一波接一波来摩挲沙滩。沙滩接受海水回潮，平静、淡然。一切居然如不曾发生般。这一定和大多数人想象的海景大不一样。这一处的潮去潮起就是这样。海岸边的校园里，每年都会有远行的学子归来，甚至每天都会有远行的学子归来。也是这般静静地，淡淡的。二十里连绵的沙滩，在艺术学院和法学院这一带，有座小山嵌入，使沙滩上耸起一段百米长的岩岸。于是，满潮的景色，在这儿就全然另样。海水拍击这岩石，像是要把她得自远方的力量与内涵悉数展示出来，有如学子向母校交上毕业后在人生历练中的作业；这样坦然乃至放肆的冲击，又仿佛是用来映衬百年来从容卓立于天风海韵中的母校的雄浑、深沉、果毅、博大。同一刻潮起，同一片海岸，居然就这么恰到好处地把学子与母校的一体两面，淋漓尽致以呈现。

这一片岩石非常特别。东端，离海面数米高的位子，由海水侵蚀而形成一个女子头像，在我看来比起台湾野柳著名的女王像不遑多让。整片岩体，由海水侵蚀而成板状，如一片片石板并排竖立于海上。莫非，莫非，这是一个正当壮年的渔夫？他足立沙滩，大海是他的领地，更是他的田园。他用劳作使身躯硬朗，而岁月则雕塑出他的褶皱。涨潮中海水一阵阵涌来，嵌入他的缝隙。这海水,又似个丰盈中依然淘气的女儿,缠膝嬉戏,清澈、绵柔。所谓“母校”,竟是个很蹩脚的称呼。

音乐厅里舞动校园的年轻人一定没有想到,他们毕业演出的这一天,恰是二十四节气中的小满。这些修业四年的年轻人,即将毕业,不正是“小满”时节?修业有成,生命中添了质地,自当是谷物中有了“初浆”;艺业也罢,人生也好,又都尚待进一步修行,才能有养育生命的能量,此时就只是“小满”。二十四节气是自然时间的符号化,更是华夏文化独有的天地图式,也堪堪将人的生命节奏一并呈现出来。妙哉。

同样在“小满”中的,还有另一群年轻人。

下午五点,英楠用电话把我从办公室“召”到凤凰树环绕的球场,和她一样的两个“修女”李韵和娅娉灿烂地飘到我身边。这些来厦门大学“修行”的女生,以及不妨称为“修士”的男生,正在拍毕业照。穿着从神袍演变而来的学袍,这些以修业而修行的少年书生,看着就活脱脱是“修女”“修士”。我不再像往常一样穿同为学袍的“导师服”,以一袭丝质中式衣衫来与他们合影,先后还有佳伟、著馨、东飞、晓露、琪悦、刘捷、琳虹、汪澄等一应“修士”“修女”。

约在十年前,我向校方建议,不宜沿袭西式的学位服,该另行专门设计带有中国元素的厦门大学学位服,以与源自中国文化传统的校训、校徽、校歌相映衬。我原是期盼这样的学位服得以成为厦门大学校园里流动的建筑,而毕业季里身着学位服之毕业生在凤凰花盛开的芙蓉园成就这所大学最美的流动风景。可惜,这建议如石沉东海。后来,知晓文庆校长在 1921 年

7月即已宣示本大学之宗旨,“在博集东西各国之学术及其精神,以研究一切现象之底蕴与功用,同时并阐发中国固有学艺之美质,使之融会贯通,成为一种最新最完善之文化”,更觉无奈。

也罢。这些毕业中的年轻人,以“修女”“修士”般的身形,也足以把校园妆点得美丽动人,与枝头的凤凰花犹如争奇斗艳,也似同声唱和。

我在近年才发现,这个季节里开出来的凤凰花并无差别,开花的凤凰树却是大为不同。这大不同,恰似校园里的人。芙蓉四楼前,以及别处,有一些新植不久的凤凰树,花虽开着,个头却不高,树干也只小碗大,几乎来不及形成树冠,树皮还带着青碧。哦,这些大一、大二的学生。比较常见的,是比这高大些的凤凰树,树皮已看不出青碧了,却还是平滑的,生命的活力明显地展露着。那是大一、大二的学生嘴里的“学长、学姐”,包括毕业时学位服略有不同的硕士生、博士生。法学院教学楼外的绿地上几株凤凰树,很有架势,也很有气势。这些凤凰树,树干并不高,也不显得粗大,树冠却出奇地大。原来是在树干约两米处,许多树枝打横着向外长。这一长,无如舞台上舞动长袖的演员,带给人一派舒展、怡然。与木棉比起来,这一群凤凰树,竟让我以为是“南方之强”的具象展示。这校园里的为人师者,能如这些凤凰树般?但愿,但愿。

夏日里夜幕渐落时分,我走在芙蓉二前。这是我读一年级时的宿舍楼。前些年,楼前的不少凤凰树相继“年事已高”。想三十多年前我来时,这些凤凰树是正当盛年的。后来续种的凤凰树,正开着他们青春的花朵。我意外发现,与这些青春的花朵相伴的,有两棵老凤凰树。这两棵树,高,树冠却不大,树干都不挺直,树身的颜色很深,更有很多裂痕。沧桑乃至衰老,直白地呈现着。然而,顽强与生机,又在枝头的花红上宣示着。我注目这两棵老树,几乎当他们是我耄耋之年的师长了。其中,南端的一棵,遒劲的枝干极富雕塑感,雕塑般的遒劲上正新长出绿叶。北侧的那棵,另引我注意。他大斜着树干,靠着一支铁杆支撑树身,如老者手柱拐杖。他的花,只在东边枝头开放。猜想是西边因为邻树遮挡不得阳光之故。瞬间脑子里闪出几个字:凤凰五月向阳开。

这个毕业季里,"凤凰五月向阳开"何尝只是我眼前的物象,岂非这流溢着青春的校园里的人文?来来回回在芙蓉二楼前走着,记起当年时时跑到这楼中只有第四层才有的天台,雨后看红砖绿瓦与红花绿叶相映成趣,融自然与人文一体,浑然天成。这个夜幕下,遒枝新叶又像是来妆点静默矗立的红砖绿瓦。思想间,多拈了几个字,拼成眼前的景象:

遒枝着新叶,凤凰五月向阳开;
红砖映绿瓦,芙蓉百年接天长。

芙蓉楼里住着一茬一茬的学子,日积月累地于天宇下渐渐长成。别称芙蓉园的厦门大学,也近于百年了,其养育学子,即是"赞天化地育"。

踱步中,抬眼是五老峰。于是加了几个字,而成:

五老峰下，遒枝着新叶，凤凰五月向阳开

然后，自己把自己难住了。五老峰下，五月凤凰。下联该如何对得？换作他人，或许一点不难。静静思索，想起这校园依着潮落潮起的天然良港，舟楫往来、百舸争流、帆樯林立，不正是：

百舸帆旁，红砖映绿瓦，芙蓉百年接天长。

是了。毕业季的芙蓉园，年复一年的芙蓉园，薪火相传、学统相续，最适宜的描述，还能有它？

五老峰下，遒枝着新叶，凤凰五月向阳开；
百舸帆旁，红砖映绿瓦，芙蓉百年接天长。

花开花谢，乃有春华秋实；花谢花开，原为生命玄机。也是一番潮去潮起。

唯因这潮去潮起，方有“芙蓉百年接天长”。

补记：

初夏写完这篇小文。秋天的一个傍晚，猛然发现，那株“拄杖”的老凤凰树已驾鹤而去。几分意外。开春后，再去留意南边那棵孑然一身的老凤凰树，风烛之状愈显。不久，那位子，也空了。

想来，这两位耄耋“老人”，竟是在甲午马年的毕业季，向芙蓉园的毕业生道别,将生命的余温化作最后的笑颜与慈爱。惜别的心思中,又想到,他们像是用最后的余力,顽强地把生命延到这个毕业季,直等到我能敏细体察他们的余温之时。他们竟是向我托命般,借我的笔端与芙蓉园的少年书生长相伴。

芙蓉百年接天长。

青春不逝

应厦门大学法学院 2013 届本科毕业生之请而作

毕业季,我们一起,走到青春之巅。

青春的生命,纯净、绚丽、浪漫,朝气;青春的生命,简约、单薄、脆弱、迷茫。青春的生命,最为富有,也最贫乏。青春是个矛盾体,痛苦作生命载体,痛感以体验存在。

从这青春之巅,走向成熟。无关能力,无关财富,无关权位,无关名望。从容、淡然、沉静。从男生向男人,一贯的是内心的挺拔;从女生向女人,不变的是内心的舒展。

毕业季,和青春作别。这是生命的转承。

青春不逝,沉潜在未来的每一个时日。

清水墙，嘉庚瓦；紫砂砖，花岗岩。都说是凝固的音律。凤凰花开，红潮翻涌；满枝灿烂，晴空映染。只当作青春的写意。

清水墙，嘉庚瓦；紫砂砖，花岗岩。都说是凝固的音律。凤凰花开，红潮翻涌；满枝灿烂，晴空映染。只当作青春的写意。

五老峰的涓流，于此蓄水成潭。晨时雨露清新，昏则湖光山色。任一处看去，都似人字形。正是天地之中蕴育新人。所谓『情人谷』，姑妄之称罢了。

折外折

石落碧潭起涟漪

茶闲烟尚绿·二十世纪中国的交通革命

戴阳

题记：

戴阳是厦门大学法学院2009级本科生。2011年秋季她修习《阅读·理解·表达》。这是她作为轮值主席在课后所写周记。一直以来，每周的轮值主席都要写作周记，以记录课堂。

一

周二午后三点五十分。

在一个半小时唇舌与思维的碰撞后，总算能偷得半刻闲。于是起身、遵照着李师的意思，轻拈些许茶叶放入已置有三分水的杯中。顷刻间，只见那些尖削匀直的小玩意儿都舒展了三瓣身子，竟如兰花绽放似的在水中开起朵儿来。随着茶色逐渐地绿翠匀润，持久沁人的茶香也一丝丝地侵入鼻息，于是实在耐不住凑上嘴一抿……

好熟悉的味道！第一感，鲜爽甘醇而不冽，透着豆蔻少女般的伶俐;及回味了,倒似有一股太和之气弥沦于齿颊之间,仿佛待嫁女子般庄重。我抬了头,正撞上了友人们同是新奇的目光,于是大家纷纷转向李师寻求答案。李师笑了,缓缓道:“是大佛龙井。”

噢,难怪熟悉至斯,原是他乡遇故知。想当初我一黄口小儿,是绝对“牛饮”过这来自母亲老家浙江新昌的茶的。可十几年过去,又对这家乡的钟灵毓秀有过分毫的了解吗?于是更比别人多了一份愧怍,听李师道来杯中之茶的前世今生。天姥横天、曹娥江畔,东有天台之险峻,西有会稽之秀丽……一个个熟悉的名词解我之惑的同时,也真真勾起了我久未泛滥的思乡之绪。

二

周二午后两点十五分。

“二十世纪的交通革命”这个话题,遇上了我们年轻而稚气的头脑,就注定不会是车船机轮跑跑路那么简单。各人方向不同、目的地不同,相同的是加速中的雀跃和加速后的反思。

它是变革的。于是便有雪莹“中国梦想,中国速度,穿越时空,日夜兼程”的赞叹,然而“交通革命并不是一场赛跑,只要跑得快就是第一”,一语道破了一味求快带来的国民之殇。而“从平民到明星再到平民”,陈伟话交通革命在人们心中地位的变化可谓精到。“越是重大的革命,越能融入民众的生活”,因此“民心”二字是一切革命的动力源,这一思辨也就显得顺理成章了。

它是青春的。于是在荣睿激情四溢的《摩托车狂想曲》中，六十年前狂奔在乡间的青年人对自由的向往，和六十年后写诉状的我们对平等的渴望，都得以在心灵的大道上一骑绝尘。至于舒宇，且忧“相见时难别亦难”的离愁，且喜“空间稀释，爱情插翅”的便捷，书写了一章关于异地恋的浪漫诗篇。

它关乎社会文明。那是悠悠回望中国交通屈辱与自强交织的二十世纪后迸发的睿思。“交通方式的变革总是顺应并促进文明的发展和巩固”。饱含的家国情怀大约要起锚本世纪中国文明发展的航船，然而父辈的一桩往事引发了敏慧对交通革命的忧虑。“交通变革必须要用革命这样暴力、激进、迅猛的方式来完成吗”这一有力的疑问，敏锐地捕捉到了空气污染、逆城市化等文明的副作用。速度上的反思也蔓延到了启航胸怀天下的文字：当文明畸形发展至东西部差距不断加大和广大人民福利不得保障的境地时，“中国不必急于求成”的道理岂非不辩自明？

它关乎乡土亲情。交通的发展使得乡土中国地域之间的相对封闭被打破，从熟人到生人自然带来了信任危机。嘉君一席“只想每一个漂泊的灵魂，随处有个安放自己的家”的感慨，不动声色地钻入了每个听者内心。而东岳简约且温暖的文字勾勒了距离的维度。这是不再被空间距离一叶障目而开始关于人心距离的深度思索。

而最终，这场中国的革命何去何从，话语权仍归于国人。前有逸斯疾书：当思想跟不上技术的进步，制度的缺失、道德的迷失和信仰的丧失便成了这个国度不能承受之重。后有雪琦穿梭在全国各地的交通伟业中寻找着净土墨脱的身影，只因每个国人怕都经不住暗夜里的自我拷问：“在飞速发展中，是否还坚持着最纯粹的自己；当世界变小时，我们内心的那片天空是不是也变小了。”

这个午后，铺展开了一场变革的、青春的、关乎社会文明、关乎乡土亲情而终由中国人自己描绘的百年交通革命画卷。然而各自走向八面通途的友人们，却始终被一丝情怀维系着，尽管我愚而莫名。

三

杯中的茶不知何时已尽了。果然好茶。只遗憾不及听李师的评析便匆忙离开，去了下一处课堂。晚上归来询问，友人答：“李师言他且喜且忧。”

大佛龙井源自西湖龙井优良茶种嫩芽，及种在云雾环绕的天姥高山之中，才幻化出鲜醇清冽的高山风味。百年前的岁月，那一片世外桃源与世隔绝，茶民们“日出而作、日落而息”的生活和农耕时代中国大多数土地上的劳动者一般无二。想来每日行走在茶山，不过耕种、采茶、炒制。日落了便在自家门前，沏了壶热热的水，将一天的疲乏劳累溶在杏绿明亮的汤色里。

然而万物思变的一个百年，似乎一瞬间，有了桥，有了路，有了咣当作响的轮子和吐着黑烟的车子，甚至有了机器“大鸟”轰鸣着从头顶飞过，于是才明白有一个“外面的世界”。原来巍峨世代的天姥山不过是新昌主县东南一隅，新昌不过偏安于绍兴主城东南，而繁华热闹的绍兴城，也不过是大大中国的一个小小地级市罢了。还没来得及看清这个世界,已然被划分到了“乡镇”的行政区域之中了。

茶民们大概很难想明白,天姥的“交通”再不是在层叠盘绕的茶山中着蓑带笠来回,而成了对下一个“中心”的永恒追寻。农耕时代中国的交通布局极少出现由点至面的扩散型,而现今政治格局的高度中心化集权化正是以点带面的交通格局的产物。“城”与“乡”兀然对立,“城乡差距”也自然成为中国九亿农民的心头之伤。

事实既然如此,闯劲和速度乃是人之天性,于是“快”与“慢”的选择从一开始就成了伪命题。身边既有车、面前既有路,那就全速向前,且不管它来自哪里、通向何方。就比如过去的短短十年,小小的新昌要将大佛龙井推向全国,走向世界,遂成种植产业化、销售市场化、防假行政化,“国际茶文化节”“国际茶博会”等活动进行得不亦乐乎。茶民们也跟着终日忙碌,再不复祖辈们一壶清茶看夕阳的悠闲。也似乎缩影了过去的漫漫百年,中国在经历了以交通为代表的器物变革后,产业革命、市场经济、金钱社会,充当了一回世界的“大佛龙井”,就此被“加速”、被“文明”,再不复五千年来华夏平和而匀润的气息。

深夜躺在床上,辗转难以入眠。大约是白日里大佛龙井的力道吧!真不知下次得尝这佳品会是何时了。然而心中隐隐明了,即便若干年后再遇,恐怕也难有今日独自怀古思乡之闲情,师友砚墨畅谈之雅兴了。生命终是劳碌罢,似乎周围人人如此,我又怎能免俗呢?想到这儿,只得叹了口气,沉沉地睡去了。

蜉蝣沧海·天道悠然

陈启航

题记：

陈启航是厦门大学法学院2009级本科生。2011年秋季他修习《阅读·理解·表达》。这是他作为轮值主席在课后所写周记。

一

西元2011年11月8日，辛卯兔年立冬。窗外细雨飘飞。今冬的第一场雨似乎浇灭了鹭岛整一个夏天如火的激情，仿佛冷艳的舞女放下辗转腾挪的舞步，只一个眼神便勾人心魄，注定这一日的话语透彻心扉。

走过悲壮而渺远的百年中国，从器物到制度再到文化与精神，我们思绪飘飞，却难以落地生根。而今日，作为回望百年的收官之作，我们从个人谈起，说说《二十世纪中国的历法革命》，说说中国人生命的时间维度。

从秦岭到黄山,杯中一叶,唇吻天地之灵秀。衬着花梨木的精美雕纹,颇有养生意味的南山绿茶、百品不厌的太平猴魁、转承舒展仪态万端的午子仙毫先后登场,以山水之精华助我辈畅谈生命之道。

二

“哀吾生之须臾,羡长江之无穷”。身在大三这个年纪,我终于对这生命永恒与须臾之辨理解得更为深入了些。

你是谁?你从哪里来?要到哪里去?文化,乃至文明,都是从一点一滴的生活经验中聚集而成的。这些生活经验从最初的实用意义,上升为一种情结,再到群体性的信仰,最终凝结为如哲学般的终极命题。从历法这个生命的时间维度来看,亦是如此。生命存在的目的在于生命本身,在于人性。当我们明白生命的位置,明白如何安放生命之后,才有资格去思考生命的过去和未来。当人类竭尽所能挑战自我、抗衡自然的时候,到底还是忘了,生命不是为了革新而发展。试想,当人类都革了天的命、革了宇宙自然的命,我们还能剩下什么?

百年中国,百年本末倒置。环形的生命面对西方棱角分明的绞刑架,终究在痛苦中卷入“发展”的历史大潮中。可是,心乱了,身躯又能在何处安定?

三

生命、历法,置身于宇宙万象的轮回之中,本质上就将基调定为平凡。然而,生命的精彩就在于平凡之中惊喜不断,就如今日，两节课的时间，也只是为讨论这个话题画上一个逗号。

倒上一杯略烫的水，投下几棵出自秦岭的午子仙毫，不久便换来一片麦香扑鼻，随即孕育着生命起承转合的轮廓。绽放，收拢，起起落落，人生不过如此。

说来还是做学生容易些罢，终于是李师登场的时候了。很难得见李师如此高兴，对我辈的思考基本满意，但我等终究没有那般能耐，用广博的学识和严密的逻辑如庖丁解牛般梳理这个已及哲学层面的问题，还是留待李师详述。

四

从历法的设计出发，不难发现，中西方历法的性状有着本质区别。西方历法线性展开，以公元初年为起点，不仅画出了延续至今的实线，对“公元前”的虚线也不放过。相比而言，中国的古代历法体现的是循环往复的时间观。这是第一层。

进一层地说，这一区别体现了西洋文化与中国文化的差别，具体体现在生命观的区别。西方认为，生命必定是向着更高级的方向发展的，当然这也是时下中国人的通常观点。而中国传统认为，生命应当是循环的，在循环之中达成永恒。到底生命是向前路一条道走到底，还是向来路返回的？此为第二层。

若深究中西方不同历法的产生原因，大抵是和地理以及文化背景相关联的。中国的历法以天文为基准，属于阴阳历相结合的古历，以太阳运动为节气，以月亮运动为宜忌，深厚的人文关怀下，体现的是“以人文契天文”的生命观。而西方历法与宗教密切关联,这一点从西元纪年中的“礼拜”二字就不难得见,具体过程暂不深究,但终究形成了线性的时间观和“以天文就人文”的征服宇宙的生命观。此之谓第三层。

节奏是人天生的需要,人必须契合宇宙的节奏,日出而作、日落而息。从这个基本的价值判断出发,在古代中国的语境下,空间上的节奏很自然地契合了“自然的节奏”,进而通过历法将其表现为“人文化的节奏”。而在西方价值判断中,似乎没有这方面的认识。例如,传统中国人在不同时节吃不同的食物,以达到与宇宙同步进行能量交换的目的,称为时令。与时令相联的是“食时”,在吃有形物满足温饱中,更吃进了本不可吃的无形的时间,以融入宇宙之“时”,获得身心的安定。可悲的是,近代工业化的发展从物质上根本摧毁了这个体系,人性中本不起眼的那一部分得以无限膨胀。而以工业的方式生产农作物的“乱食”,其本身就是改变甚至破坏了宇宙秩序。此可谓第四层。

中国近现代历法的嬗变,不仅仅是中国对西方政治和文化的妥协,更重要的是对宇宙根本性的背叛,对节奏和自然秩序的背叛,对中国式生存智慧的背叛。然而,在这样阶段性的哀伤之后,我们又当如何浴火重生?在这个全球化的时代,我们应当以一个“人类人”的视角看待中国文化,看待这种西方文化外的一种文化,利用“世界人”和“民族人”的双重身份,站在一个更为客观和广阔的思维角度,去寻找中国和世界都“该向何处去”的何处。此责任不可谓不重大,此层次不可谓不高远。

五

转眼间已是夕阳西下、暮霭沉沉,杯中清茶早已婀娜毕现,唇吻之间,不觉心中畅然。三个半小时,哦不,近两个时辰,一间小屋十余人,傲然立于天地间,怆然亦可,欣喜也罢,终究觅得一处归宿,便不枉此生。还是那句话:蜉蝣沧海,天道悠然。

品茶论剑

李逸斯

题记:

李逸斯是厦门大学法学院2009级本科生。2011年秋季他修习《阅读·理解·表达》。这是他作为轮值主席在课后所写周记。

元代李德载叹“蒙山顶上春光早,扬子江心水味高”。叹的是蒙顶茶的香气馥郁、芬芳鲜嫩,叹的是心中的透彻、高雅、圣洁。不闻南普陀山上清经穆钟,不见情人谷中平湖禅木,不处文庆亭下故人远意,本周茶课回归教室,留一切杂念与挂碍于室外,怀清澈之心于座上,品茶论剑。唇吻雅安甘露,滋味鲜爽,浓郁回甜,顿感放浪形骸,贴近自然。品茶让人心醉,但本周论题却有千钧之重,一个集体谋杀下一代的时代?此题让人惊惧。本周文章有深有浅,有宏有微,角度各不相同。以下且以金庸武侠中的武功作比,记叙本周所论之道。

内功

以无形气墙同时抵住无相劫指指力和降龙十八掌掌力，瞬间化力道为虚无，《天龙八部》中扫地老僧展示了少林《易筋经》的刚柔并济、无坚不摧、随心所欲。本周李师以“为什么受伤的总是孩子”破题，痛斥今日社会用暴力残害孩子们的肉体，用“标准答案”“不切实际的命题”戕害孩子们的智力，用等级化的校服、逐利的动机、谄媚的风潮、单薄的心灵关怀扭曲孩子的灵魂！此式绚丽，旁征博引，将各家之言、各界之象运用自如。李师发招威猛，收招处却如长江入海般平静而壮阔。“生当乱世，静观其变”，一语道出辗转之后他所知天命的玄机。这是一个病态的时代，它和身处其中的人们都忍受着无尽的阵痛，这痛无所不在，这痛深入骨髓。但是坦然面对煎熬才是生命的本意。莫局限于简单的道德批判，莫感慨这个时代病入膏肓，保持住内心的那份透亮，珍惜并发展病变细胞下的那份生机，路蕴藏在这缕生机之中。不依赖说教，而是通过抑扬顿挫的韵律浸透闻者心灵，感染闻者思想，使闻者从精巧、稳健和婉转中获得从容不迫的风度和气概。此为李师之言，闻之甚幸！闻之甚幸！

掌法

降龙十八掌掌力常有排山倒海之势，势不可当。陈伟一向慷慨激昂，总有敲山震虎之威，恰似降龙十八掌。他以法律和哲学的视角剖析“谋杀”的主体，指出国家谋杀了自己的后代；

后回归社会，大叹“价值观念的杂糅与核心精神的匮乏”导致了集体性的谋杀。

舒宇思己所受教育，念当日赴美经历，叹“党化教育”的全面渗入，发他人不敢发之音，凌厉无匹，耐人寻味。当年杨过创黯然销魂掌，取名江淹《别赋》中“黯然销魂者，唯别而已矣”之意，而今舒宇则让人黯然销魂，深思不已。

“出指可缓可快，缓时潇洒飘逸，快则疾如闪电，但着指之处，分毫不差”，此乃一阳指也。东岳以一阳指直指当代中国的高等教育，她以近现代高校为比照，呼吁高等教育“回归‘大学之道，在明明德，在亲民，在止于至善’，回归‘独立之精神，自由之思想’”。

太极功夫圆转如意，生生不息。雪莹文章清新幽默，然于嬉笑中却见一颗悲悯之心，有四两拨千斤的奇效。国人的奴性仍环绕耳旁，又有“物质生活和肤浅娱乐”的引诱，一个不肯修心的民族，前途和出路在何方？雪莹一叹，众人皆哀。

剑法

荣睿从一通电话开始，见题拆题，以家庭的细腻触角来审视父母对孩子的“谋杀”，道出百般呵护实为限制独立之发展。依旧是大题小作，却温柔细腻，鞭辟入里，似独孤九剑临阵对敌时见招拆招，遇势破势。

启航秉承了他一贯的快、准、狠。武学中有一语为“唯快不破”，意为武功够快，则无破绽可循，辟邪剑法深得此意。启航立于自我而窥群体之悲哀，生动，直抒心中之意；清傲，直面自身发展;深刻,直指矛盾原因。

雪琦无剑,但剑式一出,必有惊人之处。此招乃六脉神剑。名为剑法,却无真剑,而是一套气功剑法,凡是剑气能布及的地方,都如有一柄无形的剑。雪琦文章字字珠玑,意味深远,本周剑指中国现代发展。“从制度到思想,从科技到文化,中国就像世界发展的微缩版,就像古代神话中天上地下的时差一样,别人十年,我们一天”。速成是飞跃,还是自损?

神功

一招斗转星移神功,悠悠将话题进行转移,反破话题,让人耳目一新。悠悠化“一个集体谋杀下一代的时代”为“集体自杀的荒诞时代”,告诉我们“谋杀”指向的不仅仅是人类自身,还包括人类所生存的地球。空气测评指标事小,倘若某日“国在山河破”了,毁灭的不仅仅是中国,而是整个世界。

侠客行神功总纲太玄经,把人身体的经脉穴道连成一体,内力有如长江大河,澎湃激荡、川流不息。此乃敏慧功夫。敏慧善于兼收并蓄、融会贯通、吐故纳新,每一语都能力透纸背。本周敏慧饱含怒气,批判国人内心的思想混乱以及谋杀下一代的社会规则,凤凰喋血,悲悯而刚劲。

本周戴阳借大家的发言抒发了自己修心以安身立命的愿望。她尝试着“学会用积极乐观的心态去面对时艰,努力去做一个‘幸存’的强者”,以抗争这个时代。此招吸收旁人内力,融为一体而为己所用,正得北冥神功之奥妙。

悟道

本周话题“一个集体谋杀下一代的时代”，可以解读为个人的悬浮式生存问题，可以解读为教育的功利化、机械化问题，可以解读为现代社会的发展问题。为什么受伤的总是孩子？这是本源问题，本质原因在于现代社会膨胀而无所依托的成功欲望。这欲望包含着对权力和金钱的渴望；这欲望下，人与人的距离远了，人们互相提防着，于是便将手伸向手无缚鸡之力的孩子。他们没有权力，没有金钱，却可以成为权力的来源、金钱攫取的对象。任何人在他们面前，都占据优势。当这种优势被滥用，教育缺位、校园惨案（如校车事件）和家庭悲剧（如福清五岁女孩离奇“失踪”案）频发以及各种“谋杀”乱象出现就不足为奇了。

倘若某一天，悬浮下的人们能平静对待所谓的成功欲望，“一个集体谋杀下一代的时代”将会结束。而这需要我们共同修心行侠。我们需要洞若观火，需要身体力行。这是我们的责任，我们不行动，谁来行动？论剑之路将且行且远，只是倘若论剑之人少了自信，少了“仰天大笑出门去，我辈岂是蓬蒿人”的豪迈，不论也罢！

博雅缘

王明阳

王明阳是厦门大学建筑学院2012级本科生。他旁听《阅读·理解·表达》，课上、课下绝不懈怠。这是他如正常修课般按要求写的课程总结。

思绪万千，落笔却无一言。

不敢写期末总结，一来“总结”让我想到“盖棺定论”，二来“总觉得课程还没有结束”。

随李老师修过三个学期的课，《辩论与演讲》《沟通与谈判》《阅读·理解·表达》。

头两门课在大二修习，十六位学生，外界俗称“辩班”，其实我认为更多的是“辨班”。思辨而非辩论。几天前欣然、王琳从台湾回来，我们小聚一番，纷纷想起木棉花下唱校歌的情景，唏嘘不已。辩班上课只干一件事情，学生把自己的所思所想说与大家听，李老师说这才是课堂，在我看来这才是人生。所思所想所表达，三言两语，这般做人。

后一门课在这学期修习，只有十一位学生。这门课，照理说我是“没资格”上的，因为它是法学院的一门选修课，不对全校开放。学期初，我想，“不为学分的修一门课，该是大学生活的一部分吧”。于是每周二早上艰难地离开被窝，走下凌云，穿过白城，来到法学院一间望海的小教室，喝茶。

是的，这门课，老师负责沏茶、主席负责续水、学生负责品茶，兼而论道。

很多人不理解我，繁重的课业下，为何选择去听一门“无用的课”，而不去做“有用的事”。如果现在让我回答，我想说，“因为我觉得大学生活可以不那么功利、浮躁、叽歪，课堂可以是学堂，老师可以是学长。”

校园，本就该是学园。

课程的结业式上，听了一个学期的李老师终于开始说了。老师洋洋洒洒说了三个小时的世界文明发展与转向，谓之“一阳来复，东方日出”；结尾时淡淡一句，“而你们在参与历史”。彼时我全身发抖，一是天冷，二是激动。这感觉似曾相识。高考完我躺在泉州九中的足球场中圈晒夕阳时有这感觉，第一次熬夜交图看到东方霞光时有这感觉。

前几天走在芙蓉隧道，我突然明白，这感觉叫作使命感。因为我们在参与历史。

西式的教育是流水线式的，学生的标签是绩点、分数或是学位；东方的教育是手工的，学生没有标签，只有一个个独特的个体，带着其独特的生命体验和感受。

西式的课堂应该是“阶梯教室、粉笔黑板、老师学生”，这是一个“输出”的过程；中式的课堂应该是“林下石凳、诗书礼乐、师父弟子”，这是一个“交流”的过程。

回到老师所说的文明转向，也许课堂本身，就在诠释“东方智慧”吧。

在这样的课堂之上，“李老师的学生”是幸福的。品茶喝酒、聊天谈心。成为李老师的学生，多少是带点“骄傲”的。这份骄傲让我们在校园里“自尊”与“敬畏”，也许是追求“儒雅”，也许是怕“辱没师门”。所以行为举止，都不敢大意。

老师说，中国人以历史为宗教，我想，“敬畏祖宗和师门”，也许就是佐证。

我是一个很放荡不羁的人，对我而言，生活的本质在体验，所以我参与各种组织各种活动，也扮演不同的角色。我不是个“好孩子”，我自小就逃过课、打过架、骗过人。但每每李师在前，我就保持着“对生活的温情与敬意”。我不觉得这关乎学分、成绩、绩点、形象或是人脉，但内里有种驱动力在推着我，追寻高雅、自在、诗意的生活。

我想，这就是课堂所带给我的，而我也想带给更多人，一种高雅、自在、诗意的生活。

她如今的书声朗朗、书生意气中,藏着曾经的金戈铁马、旌旗猎猎,沉淀出内敛的力度吗?

茶问道，言传心

郭晓露

题记：

郭晓露是厦门大学2010级本科生，先后修习《辩论与演讲》《阅读·理解·表达》。这两门课，照例是同学们要在课程结束后的假期里写出课程总结，以回顾与整理一学期的课程。此文是郭晓露在2012年秋季的《阅读·理解·表达》课后所作课程总结。

冬日的暖阳斜照，透过旧式的红漆窗户，光斑在古朴典雅的教室里缓缓地移动，落在那一排排齐整的桌椅上，也落在我们这一行师生的身上，那样静谧无语却又饱含真意。窗外的椰林大道，草木青葱，行人往来，浸润在和煦的阳光之中，一派宁静圣洁。时光凝结在最后一堂课的唯美画面中，色调是温润的书卷黄，恰似这门课的气质，更吻合着李师所倡导的“给教室添上温度与温情”。

风过树林，椰树修长的叶子随风摇曳，木棉细密的叶子相互摩挲，发出碎碎的声响，是大自然的天籁之音。教室里，李师自宗教、科学谈开去，放眼西方，返观东方，对照映衬，追索并省察人类的观念世界。细细想来，加上先前的课程《辩论与演讲》，已勉强算是做了李师整一年的学生。从表达训练到思考训练，回想初入李师课堂，当时紧张的心跳和敬畏的心情仍清晰可感，李师的威严让人不敢怠慢更不敢亲近；在《阅读 · 理解 · 表达》课的尾声，李师的课堂依旧带有独特的仪式感与庄重感，不知是自己胆儿大调皮了，还是愈发了解李师对学生的爱，师生之间已少了距离，多了温情。严肃的李师，可敬；随和的李师，可爱。因缘际会，我们这一行学生有幸与李师结缘，围坐课室、山林、寺宇、凉亭，沏茶论道，茶香氤氲，思绪悠远。

李师的课堂，是绝不容简慢的。讨论的内容，宏大至全球化、工业化等人类的外向世界，细微至“90 后”自身等人类的内向世界；或沉重压抑如“文化大革命”，或裂变无序如转型中国的进步与代价。李师将一个又一个难解甚至无解的问题，严肃且郑重地推至学生的面前，迫使学生们从轻松的日常生活中探出头来，充满温情与敬意地走回自己民族的历史，走回曾经的苦难和困局，去看看那血泪浇筑的深沉往事和中华文明的璀璨繁华；督促着学生们从舒适的现代生活中抬起头来，看看人类正在前行的方向，铁蹄般迈进的征服和统治背后是清醒还是麻木？行进在高度的秩序化和工具化的道路上，我们究竟遗落了什么？学生们手忙脚乱地查阅材料，不经一番苦思冥想甚至是焦灼折磨的自我对话，怎敢仓促定稿？于是乎，跋涉在一个个天问的沼泽之中，时时感到自身的无力和渺小，也便在历史和文明面前，低下因无知而轻狂的头颅。幼稚的个体心灵，与厚重深刻而广阔无垠的文明相遇，靠近她、走近她、理解她，虽然不免盲人摸象，但是心中已多了些虔诚和自知。想必，这又是李师的一番良苦用心。

这课堂自师生齐诵校歌、相互行礼致意的庄重仪式而始，在学生真诚而个性的表达中铺展开来，以李师耐心而深刻的总结作为余韵悠长的尾声。一如老师的期许，这门课敦促着学生们“超越立身处世只为一己之利的狭隘和局限性，以适切地关怀人类的灾难和他人的疾苦”，绵续着这所大学所内涵的悲悯情怀。李师不止一次地叮咛我们“做自己的老师”，学生们不情愿地抛开懒惰和懈怠，严肃地自我教育，为明智、为明理，更为明心。怀古、思今、忧国，学生们战战兢兢地在历史的陈迹中爬梳，或震惊、或醒悟、或高声呐喊、或哑然叹息，许多我们不曾诚实面对的过去，许多我们刻意回避的当下，给年轻的心灵带来了震颤和澄明。

为准备“废科举、兴学堂”一课，我在图书馆里查阅史料，也许是先前关于辛亥革命与“文化大革命”的讨论，在心里累积了沉重的感伤；也许是自小以来对贫富差距、城乡分化、社会板结等问题的敏感和排斥，当“近城镇者入，僻远不与；有势者入，微寒不与”这一行刺眼的文字赫然出现，我小心翼翼地把它列入文稿，用以说明废科举、兴学堂的影响。课堂发言前，这行文字，在情绪的助力之下，化作我心中的幽灵，嘲笑着我所深爱着的土地以及生活于此的人们。当时的心情，如此。我遥想着府州县学停办后，茫然失措的数百万举人、生员、童生，一代人人生轨迹的巨大转变，不过是废科举、兴学堂背后无声的沉痛，什么寒窗苦读、什么金榜题名、什么豪情壮志，转眼成空。历史的铁律拿着刺刀顶着我们的脊背，硬生生地推着我们走，不容你选择、更不容你拒绝，这无声的历史里该有多少泪水与辛酸，可是历史她不在乎小人物的悲欢。我们究竟在寻找什么，而我们所深信不疑的东西，又有多少是虚无缥缈的幻想，或者人生只是一场虚妄？曾经深爱的、为之忠诚、为之振奋的“国家”，她究竟是关爱着还是玩弄着她的子民，只一次改革，就让一代子民经历生活的剧痛和裂变、人生的跌宕苦涩。什么是真实？一个国家可以经得起一次次的革命，可是我们的一生只有短短数十年，就只能无奈被动地淹没在辛酸的尘埃之中？我知觉着情绪里的不甘愿与不忍心、思想里的无秩序和无体系，又眼见“近城镇者入，僻远不与；有势者入，微寒不与”，财权势力再度成为求学路上的必需品，下层阶级向上的通道被残酷地切断，城乡教育差距陡然增大，社会的阵痛持续不断。这不正是当下中国的模样吗？可是亲爱的中国，百年过去了，为何您还是这番模样？我不愿意接受“人性如此”这一近乎搪塞的答案，更不愿听闻“制度如此”这一惯性的思维，我只想知道，这样的现状究竟要延续到何时？我们是否愿意改变？又终究该如何改变，才能让我们所生活的土地，富有爱意与关怀，充满善意与信任？不平静的我，在情绪的惊涛骇浪中难以自拔，在座位上困苦着，不住地落泪，发言时，虽极力控制，但还是失态地泣诉了。面对课室突然的沉重，我竟不知如何是好，情到深处，只能哭泣，顿感语言之孤独。所幸，同学们以支持的言语，给我温暖；李师以关怀的眼神，予我力量。面对可敬的李师和可爱的同学们，我愿意不带任何修饰，诚恳地将我稚嫩的所思、所想、所感、所悟，完整地呈现。我知道，我们之间，不仅在表达中看见彼此，更在倾听中靠近彼此，相互信任着、前行着。以口述心，表达着自己，也完满着彼此，在见贤思齐中自我教育。这个课室，磅礴着语言的力量，激荡着年轻的心灵，领着他们看清世界，越发坦然。

学生发言时，李师安静沏茶，只在发言结束后以他的体悟，警醒着、温暖着我们这群笨拙地冲撞于思考中的孩子们。李师的言语，耳闻，是平平仄仄、音韵有致的抒情诗；心听，是曲径通幽、豁然开朗的启示录。论成长，“成长与能力无关，而是面对难题的心境。从容地让岁月带走你留不住的东西，努力地让岁月在你身上沉淀”。论个性，“成长中的成年人，缺乏内心的力度，该自己做决定的时候，以从众的心理取代内心。真正的叛逆是思想的叛逆，缺少思考的力度，何静？”论暴政，“自以为心怀天下，拥抱终极真理，是替天行道式的道德狂妄；屈从心理，一边激愤谩骂，一边屈从，缺乏反抗勇气，实为参与。在暴政的前提下，如何自我对待？自己内心的暴政倾向，实为真正的暴政。自觉独立，面对所有问题，反身自问。反省不是用来推卸责任或发现他人的问题，而是用来反问自己。面对心中潜藏的奴性和贪欲，应自我警醒与批判，警惕‘习惯将责任留给他人，将道德优越感留给自己’”。这些振聋发聩的言语，已深深地扎根在心底，用作自我警醒的标尺。然而，时常对照，总能看见自己的鄙陋和懦弱。忆起一年级时李师做学科入门指导讲座时，对学生们提出的要求，我总是惭愧，惭愧于自己的顽劣、惭愧于自己的轻浮、惭愧于自己的狭隘,等等。

李师就像是一面镜子,让学生们看见自己的缺陷,而他亦有自己的魔力,能让学生严肃地躬身自省。“严肃地成长、快乐地生活”,学生们定谨记老师的叮咛,如师所愿,学着安顿性命于天理人情,平静坦然、充盈强大。

李师课堂里的朗朗之声,回响在我生命的原野上空,永不止息:

学海何洋洋,谁与操钥发其藏,致吾知于无央;
人生何茫茫,谁与普渡驾慈航,充吾爱于无疆。

图书在版编目(CIP)数据

白丁华服:这般锦绣只在厦门大学/李琦著.—
北京:法律出版社,2015.6
ISBN 978-7-5118-7989-9

Ⅰ.①白… Ⅱ.①李… Ⅲ.①教育工作—文集 Ⅳ.
①G4-53

中国版本图书馆CIP数据核字(2015)第105365号

白丁华服	李 琦 著	责任编辑 易明群 黄倩倩 装帧设计 马 帅

开本 A5　　印张 9　字数 195千
版本 2015年6月第1版　　印次 2015年6月第1次印刷
出版 法律出版社　　编辑统筹 学术·对外出版分社
总发行 中国法律图书有限公司　　经销 新华书店
印刷 北京北苑印刷有限责任公司　　责任印制 陶 松

法律出版社/北京市丰台区莲花池西里7号(100073)
电子邮件/info@lawpress.com.cn　　销售热线/010-63939792/9779
网址/www.lawpress.com.cn　　咨询电话/010-63939796

中国法律图书有限公司/北京市丰台区莲花池西里7号(100073)
全国各地中法图分、子公司电话:
第一法律书店/010-63939781/9782　　西安分公司/029-85388843
重庆公司/023-65382816/2908　　上海公司/021-62071010/1636
北京分公司/010-62534456　　深圳公司/0755-83072995

书号:ISBN 978-7-5118-7989-9　　定价:35.00元